SUPERSNACKS & POWERFOOD

GESUNDE REZEPTE FÜR FRÜHSTÜCK, LUNCHBOX UND ZWISCHENDURCH

SABRINA SUE DANIELS

EMF

EIN BUCH DER
EDITION MICHAEL FISCHER

INHALT

FOOD IST MEINE LEIDENSCHAFT.

Exotische Küchen, aber auch heimische Bauern-märkte inspirieren mich zu meinen Rezepten, die auch mal ungewöhnlich daherkommen.

Getreu dem Motto „mix and match" soll dir mein Buch als kreative Inspiration dienen, um Neues auszuprobieren, zu experimentieren, deinen kulinarischen Horizont zu erweitern und beim nächsten Besuch im Restaurant nicht das alt-gewohnte Gericht zu bestellen.

Alle Rezepte in diesem Buch können und sollen auch untereinander kombiniert und nach Lust und Laune abgewandelt werden. So wird ganz einfach aus einer gefüllten Süßkartoffel ein Kür-bis mit leckerem Innenleben aus Kichererbsen. Gesunder Genuss, ohne dabei auf das Ohhhh und Mmmhhh am Esstisch zu verzichten – ge-nauso soll meine neue Superfood-Küche sein. Denn Superfood ist nicht nur ein neuer Hype aus Hollywood. Ernährungswissenschaftliche Studien konnten seine positiven Eigenschaften bereits nachweisen.

In meinem Buch möchte ich dir zeigen, welche Vorteile es mit sich bringt, das ein oder andere Superfood in deinen Speiseplan zu integrieren. Denn Superfood ist nicht nur total gesund, sondern kann auch richtig lecker sein. Probiere aus und lass dich überraschen, welche neuen und vielleicht schon altbekannten „Superheroes" dir auf den nächsten Seiten begegnen.

Heutzutage ist es leider Realität, dass viele Men-schen unter Krankheiten wie Glutenunverträglich-keiten oder auch Laktoseintoleranz leiden. Aber auch sie sollen sich abwechslungsreich und aus-gewogen ernähren können – ganz ohne Verzicht. Da wird dann aus dem guten alten Pizzaboden aus Weizenmehl schnell eine knusprig-aromati-sche Romanesco-Chia-Unterlage für jeden Be-lag, auf den du gerade Lust hast. Ob glutenfrei, laktosefrei, vegan oder nach den Prinzipien des Clean Eating – in diesem Buch gibt es viele Alternativen für jeden Esser. Man muss einfach ein bisschen kreativ sein.

In diesem Sinne, viel Spaß beim Genießen!

Deine

Sabrina Sue

WAS BEDEUTEN DIE HIER IM BUCH VERWENDETEN SYMBOLE?

GLUTENFREI

Mal eben ein süßes Teilchen beim Bäcker auf die Hand oder die Pizza beim Lieblingsitaliener um die Ecke – auf all das müssen Menschen mit einer Glutenunverträglichkeit, auch Zöliakie genannt, verzichten. Doch was haben diese Lebensmittel gemeinsam? Sie enthalten Klebereiweiß, sogenanntes Gluten, und müssen bei einer Unverträglichkeit unbedingt vermieden werden. Getreidesorten, die Gluten enthalten: Weizen, Dinkel, Roggen, Hafer, Gerste, Grünkern. Daneben gibt es aber auch Getreide (und Pseudogetreide) ohne Gluten: Quinoa, Amarant, Mais, Hirse, Buchweizen, Reis, Tapioka.

LAKTOSEFREI

Menschen mit einer Laktose- oder Milchzuckerunverträglichkeit fehlt das Enzym Laktase, das die Fähigkeit besitzt, den Milchzucker abzubauen. Dieser Verlust zeigt sich meist durch Bauchschmerzen, Durchfall oder Blähungen. Bei einer solchen Unverträglichkeit muss deshalb auf milchhaltige Lebensmittel verzichtet werden. Mittlerweile gibt es allerdings eine Vielzahl an laktosefreien Lebensmitteln auf dem Markt. So können Milchprodukte wunderbar durch diverse Getreide- oder Nussmilchsorten ersetzt werden.

VEGAN

Anders als bei einer vegetarischen Lebensweise, wo Milchprodukte zum Speiseplan gehören, wird bei einer veganen Ernährung ganz auf tierische Erzeugnisse verzichtet. Die pflanzenbasierte Lebensweise geht sogar noch weiter und verzichtet komplett auf den Einsatz von tierischen Produkten. So gibt es z. B. auch schon vegane Kondome, veganen Wein und veganes Leder.

CLEAN EATING

Essen so natürlich wie möglich, ohne Süßstoff, künstliche Zusätze oder verarbeitetes Weißmehl. Genau darum geht es beim Konzept des Clean Eating. Gesunde Fette, frisches Obst und Gemüse, Vollkornprodukte und wenig Salz und Zucker. Das Ernährungskonzept ist nicht neu, aber es funktioniert. Clean Eating bedeutet einfach eine ausgewogene Ernährung.

HEIMISCHES SUPERFOOD

Brokkoli, Süßkartoffeln, Heidelbeeren, Bohnen oder Nüsse – jeder kennt sie, viele lieben sie. Aber dass diese Lebensmittel als echtes Superfood bezeichnet werden können und randvoll mit gesunden Inhaltsstoffen sind, wissen manche noch nicht. Höchste Zeit, das zu ändern!

HEIMISCHES SUPERFOOD

1 SPINAT

WIRKUNG: Hat einen hohen Gehalt an Beta-carotin, das später umgewandelt in Vitamin A Augen und Sehvermögen stärkt. Auch sein Eisengehalt ist hoch.

SAISON: März–Mai und September–November

ANWENDUNG: Als frischer Salat oder in grünen Smoothies. Am besten mit Lebensmitteln kombiniert, die einen hohen Vitamin-C-Gehalt haben, z. B. Grapefruit, Tomaten und Brokkoli. Sie reduzieren den Oxalsäuregehalt im Spinat; so kann der Körper das pflanzliche Eisen besser aufnehmen.

2 GRÜNKOHL

WIRKUNG: Enthält jede Menge Vitamin A, C und K und ist reich an wichtigen Mineralstoffen wie z. B. Kalium und Magnesium. Der hohe Vitamin-C-Gehalt stärkt die Abwehrkräfte. Ballaststoffe sorgen für eine gesunde und ausgewogene Darmflora. Kann aufgrund der sekundären Pflanzenstoffe und Antioxidantien das Risiko für Krebserkrankungen minimieren.

SAISON: November–Februar nach dem ersten Frost

ANWENDUNG: Als frischer Salat oder in Smoothies, in Eintöpfen und Aufläufen oder getrocknet als Chips.

3 HEIDELBEEREN

WIRKUNG: Enthalten große Mengen an sekundären Pflanzenstoffen, denen eine krebshemmende Wirkung nachgesagt wird. Sind reich an Vitamin C und E, das dem vorzeitigen Alterungsprozess der Haut vorbeugt. Getrocknete

Heidelbeeren sind ein altes Hausmittel bei Verdauungsproblemen, sie enthalten spezielle Gerbstoffe, die Durchfall stoppen.

SAISON: Juni–September

ANWENDUNG: Entweder pur im Müsli oder als Eis, in Shakes oder Smoothies. Als Topping für Salat. Getrocknet als Tee.

4 SPROSSEN

WIRKUNG: Beliefern den Körper mit vielen Vitaminen und Mineralstoffen, wie Vitamin B1, B2, C, E, Eisen, Calcium und Magnesium. Ihr hoher Ballaststoffgehalt fördert die Verdauung und stärkt das Immunsystem. Kohlenhydrate, die für Blähungen verantwortlich sind, werden während des Keimvorgangs ständig ab- und umgebaut und machen die Keimlinge im Vergleich zu Hülsenfrüchten bekömmlicher.

SAISON: Kann ganzjährig auf der Fensterbank angebaut werden.

ANWENDUNG: Als Topping für Salate oder belegte Brote und Burger.

5 SCHWARZE BOHNEN, ERBSEN (HÜLSENFRÜCHTE)

WIRKUNG: Eiweißbomben, besonders gut für Veganer, um ihren Eiweißbedarf zu decken. Bringen durch hohen Ballaststoffgehalt die Verdauung in Schwung, sind reich an Antioxidantien. Schwarze Bohnen enthalten viel Folsäure, die sich positiv auf Herzerkrankungen auswirkt und hilft, Bluthochdruck zu senken.

SAISON: Ganzjährig im Supermarkt.

ANWENDUNG: In Dips, Eintöpfen oder auf Tacos. Als saftiger Mehlersatz zum Backen.

6 ROTE BETE

WIRKUNG: Enthält hohe Mengen an Eisen, Vitamin B und Folsäure, wirkt blutbildend. Ist ein guter Vitamin-B-Speicher für Vegetarier und Veganer. Rote-Bete-Saft reguliert Bluthochdruck.

SAISON: Juli–November; ganzjährig vakuumverpackt im Supermarkt erhältlich.

ANWENDUNG: Als Rohkostsalat, Suppe oder Saft sowie in Smoothies.

7 NÜSSE

WIRKUNG: Sind zwar kalorienreich, aber enthalten viele wichtige Inhaltsstoffe, die sich positiv auf Körper und Geist auswirken, z. B. ungesättigte Fettsäuren, die den Cholesterinspiegel senken, das Herz-Kreislaufsystem in Schwung bringen und Arteriosklerose vorbeugen können. Schon eine Handvoll Nüsse in der Woche kann das Risiko für Diabetes sowie Bauchspeicheldrüsen-, Prostata- und Darmkrebs reduzieren. Sie haben einen hohen Vitamin-B- und Magnesiumgehalt, die Konzentration und Leistungsfähigkeit steigern. Wer es etwas kalorienärmer mag, greift zu den fettärmeren Cashews.

SAISON: Ganzjährig im Supermarkt erhältlich.

ANWENDUNG: Pur und in Backwaren. Cashews weiterverarbeitet als Käseersatz.

8 SÜSSKARTOFFELN

WIRKUNG: Hoher Gehalt an sekundären Pflanzenstoffen wie Carotinoide und Anthocyane, die als Antioxidantien die Zellen vor freien Radikalen schützen. Reich an Betacarotin, das entzündungshemmend wirkt, und Folsäure, die sich bei Schwangeren positiv auf die Entwicklung des Embryos auswirkt.

SAISON: Ganzjährig im Supermarkt erhältlich.

ANWENDUNG: Süß bis herzhaft, z. B. als Fritten, Ofenkartoffel oder in Brownies.

9 BROKKOLI

WIRKUNG: Durch hohe Mengen an Vitamin C und Calcium gehört er zu den gesündesten Gemüsesorten überhaupt. Er stellt eine ideale Calciumalternative für Veganer und Menschen mit Laktoseintoleranz dar. Ihm wird eine krebsvorbeugende bzw. krebshemmende Wirkung nachgesagt. Brokkoli sollte allerdings nie gekocht werden, sondern nur gedämpft oder gedünstet, um die wertvollen Inhaltsstoffe nicht zu zerstören.

SAISON: Juli–Oktober

ANWENDUNG: In Suppen, Eintöpfen oder in Salaten. Auch als Basis für gebackene Bällchen.

10 HANFSAMEN (GLUTENFREI)

WIRKUNG: Keine Sorge, Speisehanf hat keine berauschende Wirkung! Er überzeugt allerdings durch seinen hohen Gehalt an Eisen, Calcium und Magnesium, trägt zur Verringerung von Müdigkeit bei und steigert Vitalität und Wohlbefinden. Er besitzt alle lebensnotwendigen essenziellen und nichtessenziellen Aminosäuren. In Sachen Eiweißgehalt ist er vergleichbar mit Fleisch, aber frei von Cholesterin und somit wesentlich gesünder.

SAISON: Ganzjährig im Reformhaus oder online erhältlich.

ANWENDUNG: Hanf gibt es als geschälte und ungeschälte Variante. In Müsliriegeln und Smoothies sowie als Salat-Topping.

6

EXOTISCHES SUPERFOOD

Amarant, Quinoa, Matcha-Tee und Goji-Beeren sind weder außerirdische Schönheiten noch indische Gurus. Zusammen mit unseren heimischen Freunden auf den vorherigen Seiten dürfen sie sich ein großes „S" für Superfood auf die Brust schreiben und sollten immer in deinem Vorratsschrank vertreten sein.

9

EXOTISCHES SUPERFOOD

1 AMARANT (GLUTENFREI)

WIRKUNG: Er hat eine Schlüsselfunktion bei der Fettverbrennung inne und ist beim Aufbau von Kollagen unerlässlich, welches wiederum das Bindegewebe stützt und unsere Knochen stärkt. Außerdem sehr reich an Calcium, Eisen, Magnesium und Ballaststoffen. Gilt als eiweißreichstes Getreide und ist deshalb eine gute Wahl für Vegetarier und Veganer. Liefert die essenzielle Aminosäure Lysin, die positiv im Kampf gegen Krebs wirken soll.

SAISON: Ganzjährig im Reformhaus erhältlich.

ANWENDUNG: Von süß bis herzhaft. In gepuffter Form im Müsli oder in Smoothie Bowls. Herzhaft als Basis für Aufläufe.

2 QUINOA (GLUTENFREI)

WIRKUNG: Hat wie Amarant einen hohen Anteil der essenziellen Aminosäure Lysin, die u.a. für straffe, strahlende Haut und gesunde Knochen sorgt. Auch der Gehalt an Eisen, Phosphor und Calcium ist nicht zu verachten. Es senkt außerdem den Cholesterinwert und verringert das Risiko von Herz-Kreislauferkrankungen durch den hohen Gehalt an Magnesium und diversen basischen Ballaststoffen.

SAISON: Ganzjährig im Supermarkt erhältlich.

ANWENDUNG: In Salaten, als Beilage in Müsli oder als herzhafte Bratlinge.

3 CHIASAMEN

WIRKUNG: Besitzen einen extrem hohen Proteingehalt und steigern die Leistungsfähigkeit. Der hohe Gehalt an den essenziellen Fettsäuren Omega-3- und Omega-6-Fettsäuren stärkt das Herz-Kreislauf-System. Sie sind förderlich beim Abnehmen, da sie in Verbindung mit Flüssigkeit ihr Volumen um das 9- bis 12-fache vergrößern und dadurch das Sättigungsgefühl erhöhen.

SAISON: Ganzjährig im Supermarkt oder Reformhaus erhältlich.

ANWENDUNG: In Smoothies, Backwaren, Nachspeisen und Müsli.

4 MATCHA-PULVER

WIRKUNG: Effektiver Fatburner im Kampf gegen unerwünschte Pfunde. Hilft den Blutdruck zu senken, verbessert die Cholesterinwerte, reduziert Stress und gilt gleichzeitig als Energiebooster. Sehr reich an Antioxidantien, deren Gehalt etwa 137-mal so hoch ist wie in normalem Grüntee aus dem Teebeutel.

SAISON: Ganzjährig im Reformhaus erhältlich.

ANWENDUNG: In erster Linie wird Matcha als Tee getrunken. Das Pulver kann aber auch in Smoothies oder Kuchen verarbeitet werden.

5 KICHERERBSEN

WIRKUNG: Wirken gut bei Verdauungsproblemen, da sie reich an Ballaststoffen sind und dabei die Darmschleimhaut gesund erhalten. Bestehen zu einem Fünftel aus Eiweiß und sind deshalb eine gute Quelle für Vegetarier und Veganer. Achtung: Im rohen Zustand giftig!

SAISON: Ganzjährig in der Dose oder getrocknet erhältlich.

ANWENDUNG: In Falafel, Dips und Salaten, v. a. in der orientalischen Küche.

6 GRANATAPFEL

WIRKUNG: Kann dank seiner wertvollen Inhaltsstoffe den Blutzuckerspiegel stabil halten, wirkt entzündungshemmend und hilft bei Verdauungsproblemen.

SAISON: Ganzjährig im Supermarkt erhältlich.

ANWENDUNG: Pur, als Saft oder Salat-Topping.

7 GOJI-BEEREN

WIRKUNG: Enthalten viele Vitamine in hoher Konzentration, z. B. Vitamin C, E und B. Vitamin E ist dabei besonderes interessant, da es bei uns nur selten in Früchten vorkommt. Wirken sich regelmäßig verzehrt positiv auf eine gestörte Darmflora aus. Gute Nahrungsergänzung für Diabetiker, da sie den Blutzuckerspiegel leicht senken können.

SAISON: Ganzjährig im Supermarkt oder Reformhaus als getrocknete Früchte erhältlich.

ANWENDUNG: Pur als Snack, in Müsli verarbeitet oder in Kuchen.

8 ROHER KAKAO

WIRKUNG: Sein hoher Gehalt an Magnesium sorgt für erhöhte Leistungsfähigkeit, hilft den Stoffwechsel zu regulieren, versorgt unsere Muskulatur mit Energie und hilft beim Aufbau starker Knochen. Erhöht den Serotoninspiegel im Gehirn und wirkt gleichzeitig als Antidepressivum.

SAISON: Ganzjährig im Reformhaus erhältlich.

ANWENDUNG: Universell einsetzbar in süßen oder herzhaften Gerichten. Besonders gut als Kakao-Nibs in Kuchen oder Müsli.

9 KOKOSNUSS

WIRKUNG: Durch den hohen Anteil an mittelkettigen Fettsäuren, die leicht verdaulich sind und schnell vom Körper verwendet werden können, ein wichtiger Energielieferant. Neben ihrer Rolle als Energie-Drink spielt sie auch eine große Rolle in der Schönheitsindustrie. Kokosöl dient als Basis zahlreicher Naturkosmetik-Produkte sowohl für das Gesicht als auch für andere Hautpartien; es ist außerdem für sensible Haut geeignet.

SAISON: Ganzjährig im Supermarkt oder Reformhaus erhältlich.

ANWENDUNG: In jeder denkbaren Form erhältlich und verwendbar, z. B. Kokosöl, -mehl, -flocken sowie Kokosblütensirup oder -zucker.

10 INGWER

WIRKUNG: Nicht nur eine Wunderpflanze in der Küche, sondern auch in der Medizin. Bei Erkältungen gilt sie schon lange als Geheimtipp; sie kann aber auch effektiv gegen Reiseübelkeit oder bei Verdauungsproblemen eingesetzt werden. Die ätherischen Öle und Scharfstoffe, die sogenannten Gingerolen und Shogaolen, sind daran maßgeblich beteiligt. Genau wie beim Apfel liegen die gesunden Inhaltsstoffe direkt unter der Schale, deshalb sollte man Ingwer so dünn wie möglich schälen. Außerdem kurbelt Ingwer den Stoffwechsel an und lässt ungeliebte Fettpölsterchen schmelzen.

SAISON: Ganzjährig im Supermarkt erhältlich.

ANWENDUNG: Gerieben oder als feine Scheiben in Tee oder Backwaren. Beliebt in der veganen und ayurvedischen Küche.

MORNING GLORY

Früh am Morgen braucht der Körper genug Energie, um frisch und gestärkt in den Tag starten zu können. Wenn die Power dann noch in so leckerer Form wie in diesen Rezepten daherkommt, ist der Tag schon dein Freund.

VERY BERRY SMOOTHIE BOWL

Hibiskus-Frühstücks-Glück mit vielen bunten Früchten – versüßt dir jeden Morgen, garantiert auch ohne Zucker.

ZUTATEN

Für 1 Schale Glück

1 gefrorene Banane

150 g gefrorene Wald-früchte (Brombeeren, Heidelbeeren)

250 ml Haselnussmilch

1 EL Chiasamen

2 TL Hibiskusblüten-pulver (gefriergetrocknet)

1 Handvoll frische oder gefrorene Früchte (Hei-delbeeren, Himbeeren, Erdbeeren) als Topping

SO GEHT'S

1. Alle Zutaten, bis auf die Früchte fürs Topping, in einen Hochleistungsmixer geben und zerkleinern.

2. Den Smoothie anschließend in eine große Schale füllen, mit den restlichen Früchten dekorieren und genießen.

3. Deiner morgendlichen Krea-tivität sind bei meiner Frozen Smoothie Bowl keine Grenzen gesetzt. Du kannst sie auch wunderbar mit Nüssen, ge-trockneten Früchten, Kokos-flocken, gepopptem Amarant oder Kakao-Nibs verfeinern.

TIPPS

Du willst jederzeit die Möglich-keit haben, eine köstliche Smoothie Bowl zu genießen?

Dann einfach auf Vorrat mehrere Bananen schälen, vierteln und in einem luftdichten Behälter einfrieren. So weißt du immer, dass 4 Stücke einer Banane entsprechen, und du kannst dich ganz leicht gesund erfrischen.

HEIDELBEER-KOKOS-CHIA-TRIFLE

Die beerenstarke Krönung von Pudding kann nur ein fruchtiger Kokos-Trifle sein.

ZUTATEN

Für 2 fruchtige Portionen im Glas

Für die geschlagene Kokoscreme

1 Dose Kokosmilch à 400 ml

1 EL Ahornsirup

Mark von ½ Vanilleschote

Für den Heidelbeer-Chia-Pudding

350 g gefrorene Heidelbeeren

2 EL Kokosblütenzucker

2 EL Chiasamen

Abrieb von ½ Bio-Limette

350 g frische Früchte der Saison (Heidelbeeren, Brombeeren, Johannisbeeren etc.)

Kakao-Nibs

SO GEHT'S

Vorbereitung

Die Dose Kokosmilch über Nacht im Kühlschrank kalt stellen.

1. Für den Heidelbeer-Chia-Pudding die gefrorenen Heidelbeeren zusammen mit dem Kokosblütenzucker in einem Topf erwärmen. Die Beeren unter ständigem Rühren auf kleiner Flamme etwa 10 Minuten köcheln lassen, bis Saft austritt. Dann Chiasamen und Limettenabrieb unter die Beerenmasse rühren, bis sich die Masse langsam verdickt.

2. Diese Heidelbeer-Marmelade auskühlen lassen und anschließend in einem Behälter im Kühlschrank für mindestens 1 Stunde kalt stellen.

3. Jetzt die Dose Kokosmilch aus dem Kühlschrank nehmen und die feste Creme von der flüssigen Kokosmilch trennen. Die feste Kokoscreme zusammen mit dem Ahornsirup und dem Vanillemark cremig aufschlagen.

4. Dann abwechselnd Heidelbeer-Marmelade, Kokoscreme und die frischen Früchte in 2 Gläser schichten. Abschließend zusätzlich mit ein paar frischen Früchten und Kakao-Nibs dekorieren und genießen.

TIPP

Die übrig gebliebene Kokosmilch lässt sich wunderbar in Smoothies und Currys verarbeiten.

GOOD-MORNING-AVOCADO-BAGEL

Bei quietschgrünen Avocado-Bagels am Morgen kommen alle Green Kitchen Friends zusammen.

ZUTATEN

Für 4 grüne Frühstücks-Bagel

4 Vollkorn-Bagel

250 g grüner Thai-Spargel

1 Knoblauchzehe

1 EL Olivenöl

Salz und Pfeffer

1 Avocado

1 EL Limettensaft

½ Zucchini (120 g)

4 EL Frischkäse

Sprossen (Kresse, Alfalfasprossen, Porreesprossen, Roter Rettich)

SO GEHT'S

1. Die Bagels längs aufschneiden und im Backofen goldbraun anrösten.

2. Den Spargel waschen, trocknen und putzen. Die Knoblauchzehe schälen und fein hacken. Das Olivenöl in einer Pfanne erhitzen, Knoblauch und Spargel kurz darin anbraten und anschließend mit Salz und Pfeffer würzen. Dann halbieren.

3. Die Avocado schälen, entkernen, mit etwas Limettensaft beträufeln und in dünne Scheiben schneiden.

4. Die Zucchini waschen, trocknen und mit einem Spiralschneider zu Spaghetti schneiden.

5. Die Bagels mit Frischkäse bestreichen, mit Avocadoscheiben, Spargel, Zucchini-Spaghetti und Sprossen belegen.

6. Nach Geschmack mit etwas Salz und Pfeffer würzen.

TIPP

Statt Bagels kann auch geröstetes Vollkornbrot verwendet werden.

ORIENTALISCHE OVERNIGHT OATS

Ganz ohne Zucker kommt diese orientalische Schönheit aus und dabei ist sie doch sooo zuckersüß.

ZUTATEN

Für 1 orientalischen Morgenschmaus

3 getrocknete Datteln

80 g kernige Haferflocken

2 TL Chiasamen

2 TL Kakao-Nibs

1 TL geschälte Hanfsamen

2 EL Kokoschips

2 EL Ahornsirup

1 gestrichener TL Zimt

300 ml Haselnussmilch

Für die Deko

Bananenchips

Kokoschips

2 Feigen

SO GEHT'S

1. Die Datteln fein hacken. Alle Zutaten, bis auf die Deko, in eine Müslischüssel geben und abgedeckt über Nacht im Kühlschrank kalt stellen.

2. Das Müsli am nächsten Morgen umrühren, mit Bananen- und Kokoschips sowie den halbierten Feigen dekorieren und genießen.

TIPP

Geheimtipp für alle Erdnuss-Freaks: 1 EL Erdnussbutter unter die Overnight Oats gerührt bringt absolute Ekstase am Morgen.

CRUNCHY CHOCO-LATE NUT SPREAD

Geröstete Haselnüsse und Schokolade sind schon mal eine Sünde am Morgen wert.

ZUTATEN

Für 1 Glas Schoko-genuss

100 g Haselnüsse
50 g vegane Zart-bitterschokolade
1 EL Mandelöl
100 g Cashewmus
1 Prise Salz

SO GEHT'S

1. Den Backofen auf 200 °C vorheizen und ein Backblech mit Backpapier auslegen.

2. Die Haselnüsse darauf verteilen und für 10–15 Minuten im Ofen rösten, bis die Haut anfängt sich abzulösen. Dann die Haselnüsse aus dem Backofen nehmen, auf ein Küchentuch geben und die Haut abreiben.

3. Die Zartbitterschokolade in der Mikrowelle oder über einem Wasserbad schmelzen. In der Zwischenzeit die Haselnüsse im Hochleistungsmixer zerkleinern. Dann die zerkleinerten Haselnüsse mit der geschmolzenen Schokolade, Mandelöl, Cashewmus und Salz zu einer geschmeidigen Masse verarbeiten.

4. Die Schokocreme in ein Glas abfüllen.

TIPPS

Der Schokoladenaufstrich sollte bei Raumtemperatur gelagert und innerhalb von 3 Tagen aufgebraucht werden. Er wird mit der Zeit etwas fest, aber in der Mikrowelle oder im Backofen schnell wieder streichfähig.

Der Schokoladenaufstrich passt perfekt zu Bananenbrot (siehe S. 30–31).

MANDEL-PANCAKES

MIT HEIDELBEEREN

Theo, Theooooo ... Theo brät jetzt leckere Mandel-Pancakes und versteckt die Bananen einfach im Teig.

ZUTATEN

Ergibt etwa 10 knusprig-beerige Pancakes

100 g Dinkelvollkorn-mehl

50 g Mandelmehl

2 TL Backpulver

1 EL Chiasamen

1 Prise Salz

1 EL Kokosblütenzucker

2 Bananen

2 Eier

250 ml Haselnussmilch

Mark von ½ Vanilleschote

etwas Kokosfett zum Ausbacken

<u>Für die Deko</u>

125 g Heidelbeeren

125 g Brombeeren

Ahornsirup

SO GEHT'S

1. In einer großen Schüssel Dinkelvollkornmehl, Mandel-mehl, Backpulver, Chiasamen, Salz und Kokosblütenzucker miteinander mischen.

2. Die Bananen schälen, mit einer Gabel zerdrücken und mit den restlichen Zutaten zur Mehlmischung geben. Alle Zutaten gut miteinander verrühren, bis ein geschmei-diger Teig entsteht.

3. Das Kokosfett in einer Pfanne erhitzen. 3 EL Teig in die Pfan-ne geben und bei mittlerer Temperatur so lange braten, bis der Pancake Bläschen wirft.

4. Anschließend vorsichtig wen-den und auf einem Teller mit Küchenkrepp abtropfen lassen.

5. Die Pancakes mit den frischen Früchten dekorieren und mit Ahornsirup beträufeln.

TIPP

Du magst es noch fruchtiger? Dann einfach 1 Handvoll frische Heidel-beeren oder andere Früchte in den Teig geben und mit-backen.

DOUBLE CHOCOLATE SMOOTHIE BOWL

Es wurde mal wieder bewiesen: Schokolade macht glücklich, und doppelt Schokolade umso mehr.

ZUTATEN

Für 1 schokoladige Schüssel

2 Bananen
1 EL Erdnussbutter
1 EL Rohkakaopulver
250 ml Haselnussmilch

Für die Deko

1 EL Erdnussbutter
1 EL Kakao-Nibs
1 EL geröstete Erdnüsse
1 Raw Peanut Caramel Cup (siehe S. 64–65), optional

SO GEHT'S

1. Alle Zutaten für den Smoothie in einen Hochleistungsmixer geben und fein pürieren. Die Masse anschließend in eine Schüssel füllen.

2. Einen Klecks Erdnussbutter obendrauf setzen und mit Kakao-Nibs, gerösteten Erdnüssen und optional mit einem zerbröselten Raw Peanut Caramel Cup dekorieren, und dem morgendlichen Schokoladengenuss steht nichts mehr im Weg!

TIPP

Für den Extrakick die Bananen schälen, vierteln, in eine Frischhaltedose geben und vor der Weiterverarbeitung mindestens 2 Stunden im Gefrierschrank parken.

BANANA-BROMBEER-BREAD DELUXE

Denglish ist mein Banana-Brombeer-Bread und der beste Start in den Tag am frühen Morgen.

ZUTATEN

Für 1 Kastenform

4 Bananen
115 g weiche Margarine
Mark von 1 Vanilleschote
115 g brauner Zucker
250 g Dinkelvollkornmehl
2 TL Backpulver
1 Prise Salz
100 ml Haselnussmilch
100 g frische Brombeeren
Fett für die Form

Für die Deko

Bananenchips
frische Heidelbeeren
Ahornsirup

SO GEHT'S

1. Den Backofen auf 180 °C vorheizen. Eine Kastenform fetten und zur Seite stellen.

2. Die Bananen schälen, mit einer Gabel zerdrücken und zusammen mit Margarine, Vanillemark und dem braunen Zucker cremig rühren.

3. In einer zweiten Schüssel das Dinkelvollkornmehl mit Backpulver und Salz mischen und unter den Teig rühren. Dann die Haselnussmilch unterrühren und zum Schluss die Brombeeren vorsichtig unter den Teig heben.

4. Den Teig in die vorbereitete Kastenform füllen und im vorgeheizten Backofen für 45–55 Minuten goldbraun backen.

5. Nach dem Backen das Bananenbrot auskühlen lassen, in Scheiben schneiden und mit Bananenchips, Heidelbeeren und Ahornsirup genießen.

TIPP

Das Bananenbrot schmeckt besonders lecker mit meinem Crunchy Chocolate Spread (siehe S. 26–27).

EVERGREEN POWER SMOOTHIE

Grün, grün, grün ist alles, was ich habe, grün, grün, grün ist alles, was ich mag. Matcha-Tee küsst Birne und Passionsfrucht und verbindet sich zu einem unschlagbaren Trio.

ZUTATEN

Für 1 grünen Power-Smoothie

1 Kiwi

1 Banane

1 Birne

50 g Babyspinat

2 Passionsfrüchte

200 ml Wasser

½ TL Matcha-Pulver

<u>Für die Deko</u>
Minzblätter, optional

SO GEHT'S

1. Kiwi und Banane schälen und grob würfeln. Die Birne waschen, halbieren und entkernen.

2. Den Spinat gut waschen und anschließend trocken schleudern.

3. Die Passionsfrüchte halbieren, das Fruchtfleisch mit Kernen herauslöffeln und zusammen mit den restlichen Zutaten in einen Hochleistungsmixer geben und pürieren. Den Smoothie in ein Glas füllen und mit Minze dekorieren.

TIPPS

Magst du deinen Power-Smoothie etwas flüssiger, einfach mehr Wasser hinzugeben.

Keine Zeit am Morgen? Den Smoothie einfach am Abend vorher zubereiten und im Kühlschrank kalt stellen. Dort hält er sich bis zu 3 Tage.

TIPP

Statt Grünkohl-Cashew-Pesto kann natürlich auch jedes andere Pesto verwendet werden. Das Monkey Bread ist ein stets gerne gesehenes Mitbringsel auf Partys.

DINKEL-MONKEY-BREAD IM GLAS

MIT GRÜNKOHL-CASHEW-PESTO

Da laust mich doch der Affe. Monkey Bread im Glas
mit köstlichem Grünkohl-Cashew-Pesto!

ZUTATEN

Ergibt 5 Weckgläser

100 ml lauwarme
Mandelmilch

1 TL Kokosblütenzucker

½ Hefewürfel (21 g)

270 g Dinkelmehl (Type
1050)

1 Ei (Größe M)

½ TL Salz

25 g geschmolzene
Margarine

Fett für die Weckgläser

50 g Grünkohl-Cashew-
Pesto (siehe S. 88–89)

SO GEHT'S

1. Mandelmilch und Zucker in
   einem Topf erwärmen. Die
   Hefe hineinbröckeln und
   unter Rühren auflösen.

2. Dinkelmehl, Ei, Salz und Margarine in eine Schüssel geben.
   Die Hefemilch dazugeben
   und alles gut zu einem glatten Teig verarbeiten. Den
   Teig abgedeckt an einem
   warmen Ort für mindestens
   45 Minuten gehen lassen.

3. In der Zwischenzeit die
   Weckgläser einfetten und
   zur Seite stellen.

4. Nach der Gehzeit den Hefeteig in 5 Stücke teilen und
   diese jeweils zu einer Rolle
   formen und anschließend

   in 12 Scheiben schneiden.
   Das Pesto in kleinen Portionen auf den Handflächen
   verteilen und jedes Stück darin zu einer Kugel formen.

5. Die Kugeln dicht an dicht in
   die Weckgläser füllen und an
   einem warmen Ort abge-
   deckt noch einmal 30 Minuten gehen lassen. In der Zwischenzeit den Backofen auf
   180 °C vorheizen.

6. Das Monkey Bread im vorgeheizten Ofen 35–40 Minuten
   goldbraun backen. Nach dem
   Backen vollständig auskühlen
   lassen und anschließend aus
   den Gläsern lösen.

CRUNCHY GOJI NUT GRANOLA

Knuspriges Müsli aus dem Backofen verströmt einen wunderbar zimtigen Duft. Goji-Beeren geben sich ein Stelldichein mit knusprigen Hanfsamen und knackigen Nüssen und fühlen sich dabei pudelwohl.

ZUTATEN

Für 10–12 Portionen Müsli

175 ml Ahornsirup

50 g Blütenhonig

Mark von 1 Vanilleschote

1 TL Zimt

250 g kernige Haferflocken

150 g gehackte Walnusskerne

50 g geschälte Hanfsamen

70 g Bananenchips

80 g Goji-Beeren

SO GEHT'S

1. Den Backofen auf 175 °C vorheizen und ein Backblech mit Backpapier auslegen.

2. In einem kleinen Topf Ahornsirup, Honig, Vanillemark und Zimt kurz erwärmen.

3. Haferflocken, Walnüsse, Hanfsamen und Bananenchips in eine große Schüssel geben, mit der warmen Honigmasse übergießen und alles gut umrühren.

4. Die Masse gleichmäßig auf dem vorbereiteten Backblech verteilen, im vorgeheizten Backofen für 25–35 Minuten goldbraun backen und dabei alle 10 Minuten wenden, damit es nicht anbrennt.

5. Nach dem Backen das Granola vollständig auskühlen lassen, mit den Goji-Beeren mischen und anschließend in einem großen, luftdichten Behälter aufbewahren.

TIPPS

Das Granola hält sich luftdicht verpackt mehrere Monaten lang und ist ein wunderschönes Mitbringsel für Freunde.

Anstelle von Goji-Beeren kannst du auch andere Trockenfrüchte, wie z.B. Cranberrys oder Kirschen, verwenden.

POPEYES SPINAT-FETA-MUFFINS

Popeye liebt Spinat, und mit leckeren Feta-Muffins kann er sogar auf die ollen Dosen verzichten.

ZUTATEN

Für 12 Popeye-starke Muffins

80 g Babyspinat
½ rote Zwiebel
200 g Schafskäse
220 g Dinkelvollkorn-mehl
1 Päckchen Backpulver
50 ml Pflanzenöl
150 ml Buttermilch
1 TL Salz
2 Eier (Größe M)

SO GEHT'S

1. Den Backofen auf 180 °C vorheizen. Eine Muffinform mit Papierförmchen auslegen und zur Seite stellen.

2. Den Babyspinat waschen, trocken schleudern und grob hacken. Die Zwiebel schälen und fein hacken. Den Schafs-käse würfeln. In der Zwi-schenzeit Dinkelvollkorn-mehl und Backpulver in einer Schüssel gut vermengen.

3. In einer zweiten Schüssel Zwiebeln, Öl, Buttermilch, Salz und Eier cremig schlagen.

4. Dann die Mehlmischung unter die Masse rühren. Zum Schluss Babyspinat und Schafskäse unter den Teig heben und in die Muffinförmchen füllen.

5. Im vorgeheizten Backofen für 20–30 Minuten goldbraun backen. Auskühlen lassen und genießen.

TIPPS

Besonders lecker schmecken die Muffins mit Kräuterquark, frischen Tomaten und knackigen Radieschen.

Die Muffins lassen sich gut einfrieren und bei Bedarf auf dem Toaster knusprig aufbacken.

TIPPS

Die aufgeschlagene Kokoscreme hält sich im Kühlschrank mindestens 3 Tage lang. Sie wird zwar wieder etwas fester, kann aber immer wieder locker aufgeschlagen werden.

Die übrig gebliebene Kokosmilch lässt sich wunderbar in einem Eiswürfelbehälter einfrieren und für Cocktails oder Smoothies verwenden.

FEIGEN-HEIDELBEER-BUCHWEIZEN-MUFFINS

MIT KOKOSCREME

Feigen gelten als die ältesten vom Menschen angebauten Früchte der Welt und dabei sind sie kein bisschen runzelig.

ZUTATEN

Für 12 Buchweizen-Muffins

150 g Buchweizenmehl
2 TL Backpulver
1 EL Chiasamen
1 TL Zimt
1 Prise Salz
1 Banane
2 frische Feigen
85 g Honig
3 Eier (Größe M)
90 g frische Heidelbeeren

Für die geschlagene Kokoscreme

1 Dose Kokosmilch
à 400 ml
1 EL Ahornsirup
Mark von ½ Vanilleschote

Für die Deko

3 geviertelte Feigen
Heidelbeeren

SO GEHT'S

Vorbereitung

Die Dose Kokosmilch über Nacht im Kühlschrank kalt stellen.

1. Den Backofen auf 180 °C vorheizen und eine Muffinform mit Papierförmchen auslegen.

2. In einer Schüssel Buchweizenmehl mit Backpulver, Chiasamen, Zimt und Salz mischen.

3. Die Banane schälen und zerdrücken, die Feigen halbieren, das Fruchtfleisch herauslöffeln und beides in eine Schüssel geben. Dann Honig und Eier dazugeben und alles gut miteinander verrühren. Die Mehlmischung dazugeben und verrühren.

4. Zum Schluss die Heidelbeeren unterheben und in die Muffinförmchen füllen.

5. Die Muffins im vorgeheizten Backofen für 15–20 Minuten goldbraun backen.

6. In der Zwischenzeit die Dose Kokoscreme aus dem Kühlschrank nehmen und die feste Creme von der flüssigen Kokosmilch trennen. Die feste Kokoscreme mit Ahornsirup und Vanillemark cremig aufschlagen.

7. Die Muffins nach der Backzeit aus dem Backofen nehmen und auf einem Kuchenrost auskühlen lassen.

8. Anschließend mit der aufgeschlagenen Kokoscreme toppen, mit geviertelten Feigen und Heidelbeeren dekorieren und genießen.

TIPP

Die Matcha-Zimtschnecken lassen sich gut einfrieren und bei Bedarf in der Mikrowelle oder auf dem Toaster aufbacken. Durch das dunkle Dinkelmehl färbt sich der Teig nicht grün, trotzdem sind die guten Inhaltsstoffe des Matcha-Tees enthalten.

MATCHA CINNAMON ROLLS

Zimtschnecken im Backofen duften besser als jedes Parfüm und zusammen mit grünem Matcha-Pulver sind sie eine leckere Wahl.

ZUTATEN

Für etwa 15 Zimtrollen

Für den Hefeteig
200 ml Mandelmilch
350 g Dinkelmehl
(Type 630)
1 Päckchen Trockenhefe
2 gehäufte TL
Matcha-Pulver
1 Prise Salz
35 g geschmolzene
Margarine

Für die Füllung
100 g Walnusskerne
80 g Margarine
100 g Kokosblütenzucker
3 TL Zimt

Für die Matcha-Glasur, optional
50 g Puderzucker
1 TL Matcha-Pulver
1–2 EL Wasser

SO GEHT'S

1. Die Mandelmilch in einem kleinen Topf lauwarm erhitzen. Dinkelmehl, Trockenhefe, Matcha-Pulver, Salz und Margarine in einer Schüssel vermischen, mit der Mandelmilch begießen und mit den Knethaken des Handrührgerätes zu einem geschmeidigen Teig verarbeiten.

2. Den Teig abgedeckt an einem warmen Ort für mindestens 45 Minuten gehen lassen.

3. In der Zwischenzeit die Walnüsse hacken und in einer Pfanne ohne Öl anrösten.

4. Die restlichen Zutaten für die Füllung zu den Walnüssen geben und so lange verrühren, bis die Mischung eine sämige Konsistenz erreicht hat.

5. Den Hefeteig auf eine bemehlte Arbeitsfläche legen und zu einer Fläche von etwa 28 x 40 cm ausrollen. Mit der Walnussfüllung bestreichen und von der Längsseite her zu Schnecken aufrollen.

6. Mit einem scharfen Messer in 15 Stücke schneiden, und auf ein mit Backpapier ausgelegtes Backblech legen und abgedeckt an einem warmen Ort erneut etwa 15 Minuten lang gehen lassen. In der Zwischenzeit den Backofen auf 175 °C vorheizen.

7. Alle Zutaten für die Matcha-Glasur miteinander verrühren und zur Seite stellen.

8. Die Zimtschnecken im vorgeheizten Ofen 25–35 Minuten lang goldbraun backen.

9. Etwas auskühlen lassen und im Anschluss mit der Matcha-Glasur bestreichen.

TIPPS

Der Smoothie lässt sich gut tags zuvor zubereiten und hält sich im Kühlschrank bis zu 2 Tagen.

Die Papayakerne nicht wegwerfen, sie sind getrocknet und gemahlen eine Alternative zu Pfeffer, die eine leichte Kressenote versprüht und dabei weniger dominant schmeckt als die herkömmlichen schwarzen Körner (siehe S. 92).

KAKTUSFEIGEN-HIBISKUS-SMOOTHIE

Dieser Smoothie schickt dich nicht in die Wüste,
macht aber fit für jede neue Herausforderung.

ZUTATEN

Für 1 Wüstendrink

1 Kaktusfeige
½ Papaya (etwa 200 g)
2 Passionsfrüchte
1 Kiwi gold
1 Banane
250 ml Wasser
1 TL Hibiskusblütenpulver

SO GEHT'S

1. Die Kaktusfeige halbieren und mit einem Löffel das Fruchtfleisch herauslösen. Die habe Papaya entkernen, schälen und würfeln.

2. Die Passionsfrüchte halbieren und das Fruchtfleisch herauskratzen. Kiwi und Banane schälen und klein schneiden.

3. Dann alle Zutaten in einen Hochleistungsmixer geben und fein pürieren.

4. Die Kaktusfeige besitzt sehr viele Kerne, die aber ohne Probleme mitgegessen werden können. Wer es lieber kernfrei mag, kann den Smoothie vor dem Genuss durch ein Sieb streichen.

5. Mein Kaktusfeigen-Hibiskus-Smoothie kommt ganz ohne Süßstoffe aus und hat eine angenehm herbe Fruchtnote.

NO WORRY
SWEET TREATS

Was wäre das Leben ohne ein paar verführerische Süßigkeiten
zwischendurch? Richtig – ganz schön langweilig. Die Sweets
in diesem Kapitel sind aber nicht nur unwiderstehlich süß,
sondern auch noch gesund. Was für eine Kombi!

TIPPS

Unter dem knackigen Brownie verbirgt sich ein supersaftiges Schokoherz. Brownies sollten deshalb niemals überbacken werden, dadurch verlieren sie ihren sogenannten „fudge".

Die Brownies im Glas eignen sich wunderbar als kleine Gastgeschenke.

BLACK BEAN MACA-DAMIA BROWNIES

Man mag es kaum glauben, hinter dem feinherb-schokoladigen Geschmack verbergen sich schwarze Bohnen und warten auf ihren großen Auftritt.

ZUTATEN

**Für eine Backform
à 20 x 20 cm oder
3–4 Weckgläser**

180 g schwarze Bohnen
(trocken)

3 Eier (Größe M)

50 g Rohkakaopulver

150 g brauner Zucker

2 EL Sonnenblumenöl

2 gehäufte TL Backpulver

150 g gehackte
Zartbitterschokolade

60 g gehackte
Macadamianüsse

Für die Deko

gehackte Zartbitter-
schokolade

gehackte Macadamia-
nüsse

Waldmeister-Blätter

SO GEHT'S

Vorbereitung

Die Bohnen über Nacht in Wasser einweichen. Anschließend mindestens 1 ½ Stunden lang weich kochen, das Kochwasser abgießen und die Bohnen auskühlen lassen. Das Gesamtgewicht sollte 385 g betragen.

1. Den Backofen auf 175 °C vorheizen. Eine Backform mit Backpapier auslegen und zur Seite stellen. Die Gläschen fetten, falls verwendet.

2. Bohnen, Eier, Kakaopulver, braunen Zucker, Öl und Backpulver in einem Hochleistungsmixer fein pürieren. Dann die gehackte Schokolade und die Macadamianüsse unter den Teig heben.

3. Den Teig in die gewünschten Backformen füllen und auf mittlerer Schiene 35–45 Minuten backen. Anschließend die Brownies aus dem Backofen nehmen, sofort mit Zartbitterschokolade und Macadamias bestreuen und auf einem Rost auskühlen lassen. Nach Belieben mit Waldmeister dekorieren.

RAWLICIOUS MANGO CHEESECAKE BARS

Rawlicious ist das neue Backen und ein erfrischender Gaumenschmaus für jeden Backmuffel.

ZUTATEN

Für 1 Springform mit 18 cm Durchmesser

Für den Boden

85 g Cashewkerne
8 Datteln
1 EL Erdnussmus
Mark von ½ Vanilleschote
1 Prise Salz

Für die Cheesecake-Creme

115 g Cashewkerne
2 reife Bananen
3 gehäufte EL weißes Mandelmus
2–3 EL Kokosblüten-zucker
1 EL geschmolzenes Kokosöl
2 TL Kakao-Nibs

Für die Mangocreme

1 essreife Mango
Saft von ½ Limette
2 EL Kokosmilch
2 EL geschmolzenes Kokosöl

SO GEHT'S

Vorbereitung

Die Cashewkerne für die Cheesecake-Creme über Nacht in reichlich Wasser einweichen.

1. Am nächsten Tag eine Springform mit Frischhalte-folie auslegen. Alle Zutaten für den Boden in einen Hochleistungsmixer geben und fein zerkleinern, bis eine krümelige, knetbare Masse entsteht. Die Masse auf dem Boden der Springform verteilen, fest andrücken und für 15 Minuten im Gefrierfach kalt stellen.

2. Für die Cheesecake-Creme alle Zutaten bis auf die Kakao-Nibs in den Mixer geben und so lange mixen, bis eine glatte, sämige Creme entsteht. Zum Schluss die Kakao-Nibs unterheben und die Cheesecake-Creme mit einem Esslöffel auf dem Boden verteilen und im Tiefkühlfach weitere 15 Minuten kalt stellen.

3. In der Zwischenzeit für die Mangocreme die Mango schälen, entsteinen und in grobe Würfel schneiden.

4. Die gewürfelte Mango pürieren, mit Limettensaft, Kokosmilch sowie Kokosöl verrühren und vorsichtig auf der Cheesecake-Creme verteilen. Den Kuchen dann für mindestens 5 Stunden im Gefrierschrank kalt stellen.

5. 15–20 Minuten, bevor die Mango Cheesecake Bars serviert werden sollen, diese aus dem Gefrierfach nehmen und mit einem scharfen Messer in kleine mundgerechte Streifen schneiden.

6. Wer möchte, kann die Mango Cheesecake Bars mit ein paar Minzblättchen dekorieren.

RAW CAROB FUDGE

MIT GETROCKNETEN BLÜTEN

Quadratisch, praktisch, gut und dann noch vegan.
Besser geht es einfach nicht.

ZUTATEN

**Für 1 Form von
20 x 20 cm**

6 EL geschmolzenes
Kokosöl

2 gehäufte EL
Erdnussmus

2 EL Carobpulver

1 EL Rohkakaopulver

3 EL Kokossirup

1 Prise Salz

Mark von ½ Vanilleschote

50 g gehackte Haselnüsse

30 g Haferfleks
(z. B. von Kölln®)

<u>Für die Deko</u>
1 EL Kakao-Nibs
1 TL essbare Blüten

SO GEHT'S

1. Eine Auflaufform mit Frisch-haltefolie auslegen und darauf die Kakao-Nibs und die ess-baren Blüten verteilen.

2. In einer Schüssel Kokosöl, Erd-nussmus, Carob- und Kakao-pulver, Kokossirup, Salz und Vanillemark gut miteinander verrühren. Die Schokoladen-masse gleichmäßig auf der Schicht aus Kakao-Nibs und essbaren Blüten verstreichen.

Als Letztes Haselnüsse und Haferfleks auf der Schoko-schicht verteilen und für mindestens 30 Minuten im Gefrierfach kalt stellen.

3. Anschließend aus dem Gefrierfach nehmen und in kleine mundgerechte Stücke brechen.

4. Am besten hält sich die Schokolade im Kühlschrank.

TIPP

Statt Haferfleks kannst du auch gepufftes Quinoa und Trockenfrüchte verwenden.

Für den gewissen Schärfekick einfach einige rosa Pfefferbee-ren oder Chiliflocken unter die Schokomasse rühren.

MAKE IT LAKTOSEFREI!

Mittlerweile gibt es viele Frisch-
käseprodukte, die laktosefrei sind
und sich für Allergiker eignen.
Also einfach den Frischkäse
gegen eine laktosefreie
Variante austauschen und
den Joghurt weglassen.

PASTINAKENKUCHEN

MIT KOKOS-FRISCHKÄSE-TOPPING

Die lustige Hammelmöhre gibt sich mit Äpfeln
und Haselnüssen ein köstliches Stelldichein.

ZUTATEN

**Für 1 Springform mit
26 cm Durchmesser**

Für den Kuchen

150 g grob geriebene
Pastinaken

2 fein geriebene mittel-
große Äpfel à 150 g

2 EL Limettensaft

125 g Margarine

150 g Kokosblütenzucker

1 Prise Salz

½ TL Zimt

Mark von 1 Vanilleschote

3 Eier (M)

200 g Dinkelvollkorn-
mehl

50 g Kartoffelmehl

1 Päckchen Backpulver

50 ml Haselnussmilch

Für das Kokos-Frisch-
käse-Frosting

150 g Frischkäse

3 gehäufte EL grie-
chischer Joghurt

2 EL Kokosblütensirup

50 g Kokosflocken

SO GEHT'S

1. Den Backofen auf 175 °C
vorheizen und eine Springform gut einfetten.

2. Für den Kuchen geriebene
Pastinaken und Äpfel mit
Limettensaft mischen und zur
Seite stellen. In einer Schüs-
sel geschmolzene Margarine,
Kokosblütenzucker, Salz,
Zimt und Vanillemark für etwa
3 Minuten cremig rühren. Die
Eier langsam untermischen.

3. In einer zweiten Schüssel
Dinkelmehl, Kartoffelmehl und
Backpulver mischen und
zum Teig geben. Dann die
Haselnussmilch schrittweise
einrühren. Zum Schluss die
geriebene Pastinaken-Apfel-
Mischung unterheben. Den
Teig in die Springform füllen
und 40–45 Minuten lang im
Backofen goldbraun backen.

4. Nach dem Backen den
Kuchen auf einem Kuchen-
rost auskühlen lassen und
erst dann aus der Springform
lösen. In der Zwischenzeit
Frischkäse mit Joghurt und
Kokosblütensirup cremig
rühren. Die Kokosflocken unterheben und anschließend
auf dem Kuchen verstreichen.
Mit Haselnüssen toppen
und mit Zimt bestreuen.

TIPP

Der rohe Keksteig lässt sich
gut einfrieren. Dafür den Teig
portonsweise als Teigkugeln
einfrieren. Bei Bedarf einzelne
Kugeln aus dem Gefrierfach
nehmen und aufbacken.
Perfekt für ein spontanes
Cookie-Treffen mit
Freunden.

AMARANT-CHOCO-LATE-CHIP-COOKIES

„Me want cookies" schreit das Krümelmonster und knuspert meine Amarant-Cookies begeistert weg.

ZUTATEN

Für etwa 16 Krümel-monster-Cookies

250 g Dinkelvollkorn-mehl

30 g gepuffter Amarant

2 TL Backpulver

½ TL Salz

Mark von 1 Vanilleschote

140 g Margarine

250 g brauner Zucker

2 Eier

180 g gehackte Zart-bitterschokolade oder Schokoladentropfen

SO GEHT'S

1. Dinkelvollkornmehl, Amarant, Backpulver, Salz und Vanille-mark in einer Schüssel mit-einander mischen.

2. In einer zweiten Schüssel die Margarine mit dem Zucker schaumig schlagen. Dann Eier und Mehlmischung unter-rühren, bis ein geschmeidiger Teig entsteht. Als Letztes die Schokolade unterheben und den Teig mindestens 45 Mi-nuten lang im Kühlschrank kalt stellen.

3. In der Zwischenzeit den Backofen auf 180 °C vorheizen und ein Backblech mit Back-papier auslegen.

4. Den Teig mit einem Eispor-tionierer portionieren und mit großem Abstand auf das Blech setzen, damit die Kekse nicht zusammenkleben, denn sie laufen beim Backen auseinander. Für 12–15 Mi-nuten im vorgeheizten Backofen goldbraun backen.

5. Nach dem Backen auf einem Kuchenrost auskühlen lassen und in einer Keksdose aufbe-wahren. Luftdicht verpackt halten sich die Cookies bis zu 2 Wochen, wenn sie nicht vor-her weggeknuspert werden.

TIPP

In einer Frischhalte-
dose halten sich die
Powerballs problem-
los mehrere Tage im
Kühlschrank.

CHIA-KOKOS-LEMON-POWERBALLS

Kleine Kraftpakete vollgepackt mit der Power von Chiasamen, der Fruchtigkeit von Cranberrys und der Frische von Limette.

ZUTATEN

Für 12 Powerballs

60 g kernige Haferflocken

120 g zimmerwarmes Erdnussmus

2 EL Blütenhonig

½ TL Zimt

2 TL Chiasamen

20 g Cranberrys oder Goji-Beeren

20 g Kokosflocken

Für die Deko

Kokosflocken

Abrieb von 1 Bio-Limette

SO GEHT'S

1. Alle Zutaten in einen Hochleistungsmixer geben und so fein zerkleinern, dass eine formbare Masse entsteht. Diese zu 12 Kugeln formen.

2. Kokosflocken und Limettenabrieb auf einem Teller miteinander mischen und die Powerballs darin wälzen.

3. Die Kokosbällchen dann für mindestens 60 Minuten in den Kühlschrank stellen und anschließend genießen.

MAKE IT VEGAN!

Statt Honig einfach Agavendicksaft oder Kokosblütensirup verwenden.

SUNSHINE MATCHA BALLS

You are my sunshine, my only sunshine ...
Der ultimative grüne „Hulk" gegen das Mittagstief.

ZUTATEN

Für 12 Energiebündel

1 gehäufter EL
Erdnussmus

60 g frische Datteln
(etwa 12 Stück)

50 g Walnusskerne

1 TL geschälte Hanf-
samen

30 g Cranberrys

20 g Goji-Geeren

½ TL Matcha-Pulver

<u>Für die Deko</u>
Matcha-Pulver

SO GEHT'S

1. Alle Zutaten in einen Hochleistungsmixer geben und zu
eine formbare Masse verarbeiten. Diese dann zu 12 Kugeln formen und rundum
im Matcha-Pulver wälzen.

2. Die Energy Balls dann für
mindestens 60 Minuten in
den Kühlschrank stellen,
noch einmal mit etwas
Matcha-Pulver garnieren
und anschließend genießen.

TIPPS

Die Energy Balls lassen
sich im Kühlschrank mehrere
Tage lang aufbewahren.

Wer auf Schokolade nicht
verzichten möchte, mischt
ein paar Kakao-Nibs
unter den Teig.

GLUTENFREIE CHOCOLATE DONUTS

MIT GETROCKNETEN BLÜTEN

Vielen Dank für die Blumen, sagt der Schokoladen-Donut und freut sich über so viel Aufmerksamkeit.

ZUTATEN

Für 6 leckere Schoko-laden-Donuts

30 g Vollkornreismehl

100 g Kartoffelmehl

1 gestrichener TL Guarkernmehl

1 TL Backpulver

2 EL Rohkakaopulver

80 g Kokosblütenzucker

Mark von 1 Vanilleschote

1 Prise Salz

5 EL Haselnussmilch

80 ml Pflanzenöl

2 Eier (Größe M)

Für die Deko

200 g Zartbitter-schokolade

Kakao-Nibs

getrocknete, essbare Blüten

SO GEHT'S

1. Den Backofen auf 200 °C vorheizen, ein Donut-Blech gut einfetten und zur Seite stellen.

2. In der Zwischenzeit alle Zutaten, bis auf die Deko, gut miteinander verrühren, bis ein geschmeidiger Teig entsteht.

3. Den Schokoladenteig in eine Spritztülle füllen und in das vorbereitete Donut-Blech spritzen. Die Donuts im vorgeheizten Backofen für 10–15 Minuten backen.

4. Anschließend in der Form auskühlen lassen und erst dann aus der Form lösen. Die Zartbitterschokolade über einem Wasserbad schmelzen, die Donuts kopfüber in die geschmolzene Schokolade tauchen und mit Kakao-Nibs und getrockneten Blüten bestreuen.

TIPP

Nüsse, Bananenchips, Goji-Beeren und Kokos-flocken – in Sachen Topping sind der Kreativität keine Grenzen gesetzt!

TIPP

Meine Raw Peanut Caramel Cups lassen sich nach dem Frosten wunderbar im Kühlschrank aufbewahren und sind der perfekte Snack für Zwischendurch.

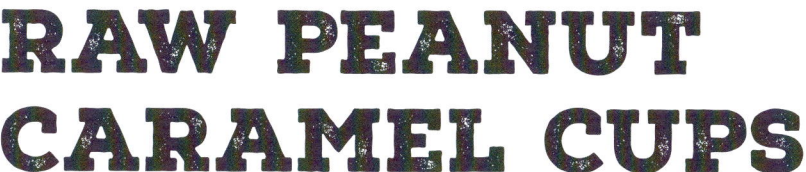

RAW PEANUT CARAMEL CUPS

MIT GOJI-BEEREN

Die perfekte Verbindung von Carob-Schokolade, Erdnüssen und Karamell. Da wird jede Diva lammfromm.

ZUTATEN

Für 6 Caramel Cups

Für die Cups
50 g Cashewkerne
50 g Mandelmehl
3 TL Kokosblütensirup
2 EL Erdnussmus

Für den Karamell
50 g frische Datteln
(7–8 Stück)
1 TL Goji-Beeren
1 EL geschmolzenes
Kokosöl
50 g Erdnussmus
2 EL Kokosblütensirup
1 Prise Salz

Für die Carob-Schoko-lade
2 EL geschmolzenes
Kokosöl
2 EL Rohkakaopulver
½ EL Carobpulver
2 EL Kokosblütensirup

Für die Deko
2 EL geröstete Erdnüsse

SO GEHT'S

1. 6 Förmchen einer Muffinform mit Frischhaltefolie auskleiden.

2. Für die Cups zuerst die Cashewkerne in einem Hochleistungsmixer fein zerkleinern. Dann Mandelmehl, Kokosblütensirup und Erdnussmus hinzugeben und zu einer krümeligen Masse verarbeiten. Die Masse auf dem Boden der Förmchen verteilen, fest andrücken und im Gefrierfach kalt stellen.

3. Für den Karamell Datteln und Goji-Beeren im Mixer fein pürieren. Kokosöl, Erdnussmus, Kokosblütensirup und Salz dazugeben und so lange mixen, bis eine zähe, klebrige Masse entsteht.

4. Die Cups aus dem Kühlschrank nehmen und den Karamell gleichmäßig mit den Fingern darin verteilen; die Hälfte der Deko-Erdnüsse in den Karamell drücken.

5. Für die Zubereitung der Schokolade alle Zutaten miteinander vermischen. Da auch diese Masse etwas zäh ist, lässt sie sich wunderbar mit den Fingern auf der Karamellschicht verteilen.

6. Die Cups am Schluss mit den restlichen Erdnüsse dekorieren und die Törtchen für mindestens 3 Stunden im Gefrierschrank kalt stellen. Etwa 15 Minuten vor dem Servieren und Genießen aus dem Gefrierschrank nehmen.

WALNUSS-FRUCHTKÖRBCHEN

MIT AVOCADO-SCHOKOLADEN-MOUSSE

Die Waldfrucht-Körbchen verbergen eine leckere
Avocado-Schokoladen-Mousse – einfach der Knaller!

ZUTATEN

**Für 5 fruchtige
Körbchen**

Für die Cups

50 g Cashewkerne

50 g Mandelmehl

3 TL Kokosblütensirup

2 EL Erdnussmus

Für die Avocadomousse

1 reife Avocado

1 sehr reife Banane

2 EL Kakaopulver

2–3 EL Kokosblütensirup
(je nach Reife der
Banane)

75 ml Haselnussmilch

Für die Deko

150 g frische Beeren
(Heidelbeeren, Erdbeeren,
Brombeeren)

Minzblätter

essbare Blüten

SO GEHT'S

1. 5 Förmchen einer Muffinform mit Frischhaltefolie auskleiden. Für die Cups zuerst
   die Cashewkerne in einem
   Hochleistungsmixer fein zerkleinern. Dann Mandelmehl,
   Kokosblütensirup und Erdnussmus hinzugeben und zu
   einer krümeligen Masse
   verarbeiten.

2. Die Masse auf dem Boden
   und den Seiten der Muffinförmchen verteilen, fest andrücken und für mindestens
   60 Minuten im Gefrierfach
   kalt stellen.

3. Für die Mousse Avocado und
   Banane schälen, dann pürieren. Anschließend Kakaopulver, Kokosblütensirup
   und Haselnussmilch unter das
   Avocado-Bananen-Püree
   rühren, alles gut miteinander
   vermischen und im Kühlschrank kalt stellen.

4. Die Körbchen aus dem Gefrierschrank nehmen und die
   Avocadomousse darin verteilen. Zum Schluss mit den
   frischen Beeren bedecken, mit
   ein paar Minzblättchen dekorieren und sofort servieren.

TIPP

Für dieses Rezept
unbedingt eine überreife
Banane mit braunen Stellen
verwenden. Die Mousse
wird dadurch süßer und
man benötigt weniger
Kokosblütensirup.

GEHIRNJOGGING-MÜSLI-STICKS

Coffee to go gibt es ja schon, da darf das Müsli to go natürlich nicht fehlen.

ZUTATEN

Für 9 Granola-Sticks

100 g kernige Hafer-flocken

60 g grob gehackte Cashewkerne

60 g grob gehackte Walnusskerne

25 g ungeschälte Hanfsamen

50 g getrocknete Kirschen

50 g Goji-Beeren

1 EL Margarine

85 g Honig

2 gehäufte EL Erdnussmus

Fett für die Form

SO GEHT'S

1. Den Backofen auf 150 °C vor-heizen. Eine Backform von 20 x 20 cm einfetten und ein Backblech mit Backpapier auslegen. Haferflocken, Ca-shewkerne, Walnüsse und Hanfsamen miteinander mi-schen, auf dem Backblech verteilen und 20 Minuten im Backofen rösten. Dabei mehrmals wenden.

2. In der Zwischenzeit Kirschen und Goji-Beeren fein hacken. Die Margarine in einer großen Pfanne schmelzen, Honig und Erdnussmus zugeben und umrühren. Zum Schluss die Trockenfrüchte und den ge-rösteten Haferflocken-Mix hinzugeben und alles gut mit-einander mischen. Die Masse in die gefettete Form füllen und fest andrücken.

3. Im vorgeheizten Backofen für 25–30 Minuten auf mittlerer Schienen backen. Nach dem Backen auskühlen lassen, dann erst aus der Form lösen und anschließend mit einem scharfen Messer in 9 Recht-ecke schneiden.

MAKE IT VEGAN!

Den Honig kannst du auch wunderbar durch Agavendick-saft ersetzen.

CREMIGES KOKOS-HEIDELBEER-EIS

MIT ESSBAREN BLÜTEN

Weißer Kokosnuss-Traum trifft auf purpurnen Blütenregen und heraus kommt essbares Heidelbeer-Glück.

ZUTATEN

Für 2 große Portionen Eiscreme-Spaß

1 Dose Kokosmilch à 400 ml

400 g frische Heidelbeeren

5 EL Ahornsirup

2 TL Hibiskusblütenpulver

10 essbare Blüten

SO GEHT'S

1. Die Kokosmilch mit Heidelbeeren, Ahornsirup und Hibiskusblütenpulver in einen Hochleistungsmixer geben und fein pürieren.

2. Die essbaren Blüten klein zupfen und vorsichtig unter die Eismasse heben.

3. Die Masse anschließend in eine Eismaschine geben und nach Herstelleranleitung weiterverarbeiten.

4. Das fertige Eis in einen luftdichten Behälter füllen und bis zum Verzehr im Gefrierschrank aufbewahren.

TIPP

Je nach Belieben können auch Erdbeeren, Himbeeren oder Brombeeren verwendet werden.

ICE CREAM COOKIE SANDWICH

MIT KOKOS-HEIDELBEER-EIS

Fans von Cookies und Ice Cream kommen hier voll und ganz auf ihre Kosten.

ZUTATEN

Für 1 unglaubliches Geschmackserlebnis

Amarant-Chocolate-Chip-Cookies (siehe S. 58–59)

Kokos-Heidelbeer-Eis (siehe S. 70–71)

SO GEHT'S

Für ein Sandwich werden jeweils 2 Chocolate Chip Cookies benötigt. Eine Kugel Heidelbeer-Kokos-Eis zwischen die beiden Kekse drücken und eventuell an den Seiten etwas glatt streichen.

TIPP

Wenn es mal schnell gehen muss, einfach die fertig gekaufte Lieblings-Eissorte für das Chocolate Chip Cookie Sandwich verwenden.

CHOCOLATE AVOCADO ICE CREAM POPSICLES

Alligatorbirne liebt Schokolade. Wie sonst lassen sich solch zuckersüße Mini Ice Cream Pops erklären?

ZUTATEN

Für 4 Mini Ice Cream Pops

1 reife Avocado

1 Banane

75 ml Haselnussmilch

2 EL Rohkakaopulver

2 EL Kokosblütensirup

2 TL Kakao-Nibs

Für die Deko

50 g Zartbitter-schokolade

2 EL Pistazien

SO GEHT'S

1. Avocado und Banane schälen, dann pürieren. Anschließend Haselnussmilch, Kakaopulver, Kokosblütensirup und Kakao-Nibs unter das Avocado-Bananen-Püree rühren und alles gut miteinander vermischen.

2. Die Schokoladenmasse vorsichtig mit einem Löffel in die Eisförmchen füllen und im Gefrierfach für mindestens 3 Stunden kalt stellen.

3. Danach die Schokolade schmelzen, die Ice Cream Popsicles aus den Förmchen lösen, mit den Pistazien bestreuen und mit dünnen „Schokoladenfäden" überspinnen, damit ein schönes Muster entsteht und die Pistazien auf den Eis-Popsicles halten.

TIPP

Für die Mini Ice Cream Pops habe ich die Mini Easy Cream Pops von Silikomart® verwendet.

SOULFOOD DELUXE

Nach einem langen Tag möchte man sich einfach nur aufs Sofa kuscheln, in der Hand eine Schale voller Köstlichkeiten, die die Seele wärmen. Wenn der Hunger nicht ganz so gross ist, reicht manchmal auch ein Teller mit gesunden Snacks. In diesem Kapitel ist für jeden etwas dabei.

ROTE-BETE-CHIPS

Ganz einfach und doch so lecker sind diese roten Chips.
Perfekt als Knabberei zwischendurch oder für dein Sandwich.

ZUTATEN

**Für 1 Portion unheim-
lich guten Knabberspaß**

1 große Rote Bete
2 EL Olivenöl
Meersalz
Chilipulver
gerösteter Sesam,
optional

SO GEHT'S

1. Den Backofen auf 150 °C vorheizen und ein Backblech mit Backpapier auslegen.

2. Die Rote Bete schälen und in sehr dünne Scheiben (1–2 mm) schneiden. Wer keine roten Finger mag, trägt beim Schneiden am besten Einweghandschuhe.

3. Die Rote-Bete-Scheiben in eine Schüssel geben, mit Olivenöl beträufeln und alles gut miteinander vermischen.

4. Die Mischung auf dem Backblech verteilen und nach Geschmack mit Meersalz und Chili würzen, im vorgeheizten Backofen 40–60 Minuten knusprig backen.

TIPPS

Rote-Bete-Chips sind ein leckerer und außergewöhnlich knuspriger Belag für Sandwiches.

Ich habe so mein Vietnamesisches Sandwich (siehe S. 134–135) aufgepeppt.

TIPP

Wenn du keine frischen Blüten bekommst, kannst du auch getrocknete Blüten unter den Salat mischen. Diese haben sogar einen intensiveren Geschmack und man benötigt nur kleine Mengen, um ein Gericht aufzupeppen.

AVOCADOSALAT
MIT GRAPEFRUIT-HIBISKUS-VINAIGRETTE

Hibiskus, Grapefruit und bunte, essbare Blüten machen diesen Avocadosalat zu einem besonders blumigen Gaumenschmaus.

ZUTATEN

Für 2 knackig-frische Portionen

200 g grüner Thai-Spargel

1 EL Olivenöl

½ Grapefruit

2 Avocados

100 g Kirschtomaten

125 g Babyspinat

1 TL Goji-Beeren

1 TL geröstete Sesamsamen

1 EL geröstete Erdnüsse

50 g essbare Blüten

Grapefruit-Hibiskus-Vinaigrette

1 TL mittelscharfer Senf

Saft von ½ Grapefruit

2 EL Wasser

2 TL Blütenhonig

½ TL Hibiskusblütenpulver

4 EL Olivenöl

Salz

Papayapfeffer (siehe Seite 96)

SO GEHT'S

1. Zuerst für die Grapefruit-Hibiskus-Vinaigrette Senf, Grapefruitsaft, Wasser, Blütenhonig und Hibiskusblütenpulver in einer Schüssel mischen. Das Olivenöl in einem dünnen Strahl einlaufen lassen und unterschlagen. Die Vinaigrette mit Salz und Papayapfeffer abschmecken.

2. Für den Salat den Spargel waschen, trocknen und putzen. Das Olivenöl in einer Pfanne erhitzen, die Spargelstangen kurz darin anbraten und anschließend in Viertel schneiden. Grapefruit und Avocados schälen und in in dünne Scheiben schneiden. Die Kirschtomaten waschen und halbieren.

3. Babyspinat waschen und mit Thai-Spargel, Grapefruit- und Avocadoscheiben sowie Kirschtomaten in eine große Schüssel geben und gut vermischen.

4. Zum Schluss Goji-Beeren, geröstete Sesamsamen, Erdnüsse und essbare Blüten darüberstreuen und mit der Grapefruit-Hibiskus-Vinaigrette übergießen.

BROKKOLI-AMARANT-BÄLLCHEN

AUS DEM BACKOFEN

Es grünt so grün mit leckeren Brokkoli-Amarant-Bällchen. Da lässt das kugelige Glück nicht lange auf sich warten.

ZUTATEN

Für 10–12 Brokkoli-Glücksbällchen

350 g Brokkoli

20 g gepuffter Amarant

80 g geriebener Cheddar

1 gehackte Knoblauch-zehe

1 Ei

1 TL Salz

Pfeffer

Olivenöl für die Form

SO GEHT'S

1. Den Brokkoli waschen und in kleine Röschen zerteilen. Die Röschen in einen Topf mit Einsatz zum Dampfgaren legen und bissfest garen. Das dauert 10–15 Minuten. Hinweis: Den Brokkoli bitte nicht kochen, sondern nur dämpfen, da er sonst zu matschig wird.

2. Die Brokkoli-Röschen dann in einen Hochleistungsmixer geben, zerkleinern und anschließend in ein sauberes Küchentuch geben und die Flüssigkeit aus der Brokkolimasse drücken. Hierzu braucht man etwas Geduld und Kraft. Der Brokkoli ist perfekt, wenn fast keine Flüssigkeit mehr aus dem Küchentuch tropft. Öffnet man das Küchentuch, sollte sich ein fester Kloß zeigen.

3. Diese Masse in eine Schüssel geben und mit den restlichen Zutaten zu einem glatten Teig verarbeiten.

4. In der Zwischenzeit den Backofen auf 200 °C vorheizen und eine Auflaufform mit Olivenöl einfetten. Aus der Brokkolimasse 10–12 gleich große Bällchen formen und in der Form verteilen. Im vorgeheizten Backofen 30–35 Minuten lang backen.

TIPP

Schmeckt hervorragend zu meinem Avocadosalat mit Grapefruit-Hibiskus-Vinaigrette (siehe S. 80–81). Wer es noch etwas reichhaltiger mag, serviert das Ganze auf einem dünnen Fladenbrot.

GRÜNKOHL-CASHEW-PESTO

Grünkohl ist das Superfood schlechthin
und macht auch in Pesto eine gute Figur.

ZUTATEN

Für 1 Glas grünes Glück

50 g Grünkohl
(ohne Strunk)

50 g Pecorino

1 Knoblauchzehe

30 g Cashewkerne

125 ml Olivenöl + etwas
zusätzlich zum Bedecken

Salz

SO GEHT'S

1. Den Grünkohl waschen und
   trocken schleudern. Zusammen mit Pecorino, Knoblauch
   und Cashewkernen in einen
   Hochleistungsmixer geben
   und zerkleinern.

2. Das Olivenöl langsam dazugeben und zu einer geschmeidigen Creme verarbeiten.

Nach Belieben mit etwas
Salz würzen und in ein steri-
lisiertes Glas füllen.

3. Anschließend mit etwas zu-
   sätzlichem Olivenöl bedecken, um das Pesto zu kon-
   servieren. Im Kühlschrank
   aufbewahren.

TIPP

Grünkohlpesto lässt sich
gut auf Vorrat zubereiten
und passt hervorragend
zu Zucchini-Spaghetti,
Baguette oder als
Topping für Suppen.

TIPP

Frischen Pak Choi und
Schnittlauchblüten findest du
im Asiamarkt. Letztere sehen
nicht nur unheimlich hübsch
aus, sie besitzen auch eine
leichte Knoblauchnote und
verleihen jedem Gericht
den letzten Pfiff.

GEMÜSEMIX

IN SPICY CURRY-KOKOS-SOSSE

Curry, Koriander, Kurkuma und Kokosmilch verströmen einen Hauch von Fernweh und machen Lust auf Meer.

ZUTATEN

Für 2 Portionen Curry-Kokos-Love

1 Knoblauchzehe

15 g Ingwer

5 Korianderstiele

500 g Brokkoli

150 g Kaiserschoten

1 rote Paprikaschote

200 g Pak Choi

1 EL Sesamöl

2 EL rote Currypaste

1 TL Kurkumapulver

1 EL Palmzucker

1 Dose Kokosmilch à 400 ml

Saft von ½ Limette

1 EL gehackte Erdnüsse

100 g Kubota-Nudeln

20 g gehackte Schnittlauchblüten, optional

SO GEHT'S

1. Den Knoblauch schälen und fein hacken, den Ingwer schälen und reiben. Den Koriander waschen und hacken. Den Brokkoli waschen und in kleine Röschen teilen. Die Kaiserschoten ebenfalls waschen und eventuell störende Enden und Fäden entfernen. Die Paprika und den Pak Choi putzen, waschen und klein schneiden. Die Chilischote hacken.

2. Das Sesamöl in einem Topf erhitzen, rote Currypaste, Kurkuma, Knoblauch, Ingwer, Chilischote und Palmzucker kurz darin anbraten, bis die ätherischen Öle ausströmen.

3. Mit Kokosmilch und Limettensaft ablöschen, Brokkoli, Kaiserschoten, Paprika, Pak Choi und Koriander dazugeben und bei mittlerer Hitze 10–15 Minuten köcheln lassen.

4. In der Zwischenzeit die Nudeln in reichlich Salzwasser bissfest garen, abgießen und auf einem Teller oder in einer Schale anrichten.

5. Das Curry darauf verteilen, mit den gehackten Erdnüssen bestreuen und optional mit gehackten Schnittlauchblüten dekorieren.

MAKE IT GLUTENFREI!

Die Kubato-Nudeln lassen sich durch Reisnudeln ersetzen.

INGWER-ZITRONENGRAS-DIP

MIT PAPAYAPFEFFER

La-La-Lecker und so frisch, das ist sie – die Dreiecks-beziehung aus Ingwer, Zitronengras und Papayapfeffer.

ZUTATEN

**Für 2 Portionen
frische Pfeffernote**

½ Zitronengrasstängel

20 g Ingwer

200 g griechischer Joghurt (10 % Fettgehalt)

1 EL Limettensaft

Salz

Papayapfeffer (siehe
S. 92)

SO GEHT'S

1. Das Zitronengras von den harten äußeren Blättern befreien und den Stängel sehr fein hacken. Den Ingwer schälen und fein reiben.

2. Joghurt, Zitronengras, Ingwer und Limettensaft in eine kleine Schale geben und gut miteinander mischen.

3. Zum Schluss mit Salz und Papayapfeffer abschmecken. Bis zum Verzehr abgedeckt im Kühlschrank ziehen lassen.

TIPP

Mein Zitronengras-Dip schmeckt wunderbar mit Parmesan-Süß-kartoffel-Fritten (siehe S. 112–113).

ZOODLES AGLIO E OLIO

Zucchinispaghetti à la Mama mit ganz viel Knobi und scharfer Chilischote für italienisches Temperament an der Essenstafel.

ZUTATEN

Für 1 große Portion Scharfmacher

2 kleine Zucchini (etwa 400 g)

2 Knoblauchzehen

1 rote Chilischote

3 EL Olivenöl

Salz

geriebener Parmesan, optional

SO GEHT'S

1. Die Zucchini waschen und anschließend mit einem Spiralschneider in dünne Spaghetti schneiden. Den Knoblauch schälen und fein hacken. Die Chilischote ebenfalls fein hacken.

2. Das Olivenöl in einer Pfanne erhitzen, Knoblauch und Chili kurz darin andünsten. Dann die Zucchini-Spaghetti dazugeben und 3 Minuten in der Pfanne mit anbraten.

3. Zum Schluss mit etwas Salz abschmecken und nach Belieben mit geriebenem Parmesan bestreuen.

TIPP

Du magst es lieber asiatisch als italienisch? Einfach Olivenöl durch 2 EL Sesamöl und 2 EL Sojasoße ersetzen. Zusätzlich 25g Erdnüsse und 50g Kaiserschoten in die Pfanne geben und soft anbraten.

TIPP

Die Kerne der Papaya unbedingt aufheben, waschen, säubern, trocken reiben und anschließend auf einem Backblech im Backofen bei 50 °C für mindestens 3 Stunden trocknen. Im Sommer lassen sich die kleinen Powerkörner auch wunderbar über mehrere Tage auf der Fensterbank trocknen. Erst wenn die Papayakörner komplett trocken sind, in einen luftdichten Behälter füllen, ansonsten gibt es eine schimmlige Überraschung.

SÜSSKARTOFFEL-PAPAYA-SUPPE

MIT CHIA-KRÄUTER-CRACKER

Jetzt wirds scharf: Mit Papaya, Süßkartoffel und Harissa und gaaaanz viel Kokosmilch.

ZUTATEN

Für 2 Suppenkasper

<u>Für die Suppe</u>

2 Süßkartoffeln
(etwa 550 g)

200 g Papaya

1 kleine rote Zwiebel

1 Knoblauchzehe

15 g Ingwer

2 EL Sonnenblumenöl

1 gestrichener TL Harissa
(scharfe Chilipaste)

400 ml Wasser

200 ml Kokosmilch

Salz

Papayapfeffer (siehe
Seite 96)

<u>Fürs Topping, optional</u>

1–2 EL Limettensaft

1 TL Tahin (Sesampaste)

Chia-Kräuter-Cracker
(siehe S. 100–101)

<u>Für die Deko</u>

Kresse

SO GEHT'S

1. Die Süßkartoffeln schälen und grob würfeln. Die Papaya schälen, entkernen und ebenfalls würfeln. Zwiebel, Knoblauch und Ingwer schälen, grob hacken und in einem Topf mit dem Sonnenblumenöl und Harissa anbraten.

2. Dann die Süßkartoffeln dazugeben und kurz mit anbraten. Mit Wasser und Kokosmilch aufgießen, aufkochen lassen und auf kleiner Flamme 10–15 Minuten gar kochen.

3. Am Ende der Kochzeit die gewürfelte Papaya dazugeben und in einem Hochleistungsmixer fein pürieren.

4. Zum Schluss mit etwas Salz, Papayapfeffer und nach Wunsch Limettensaft und Tahin abschmecken, Mit Kresse und einem knusprigen Chia-Kräuter-Cracker garnieren.

WÜRZIGE FEIGEN-ZWIEBEL-GALETTE

Exotische Feigen, rustikale Zwiebeln und eleganter Soja-Frischkäse treffen sich auf ein kulinarisches Abenteuer.

ZUTATEN

Für 1 große Galette

Für den Teig

200 g Dinkelvollkornmehl

100 g kalte Margarine

1 TL Kokosblütenzucker

1 Prise Salz

70–80 ml kaltes Wasser

Für den Belag

1 rote Zwiebel

3 Feigen

140 g Rahmfrischkäse (Soyananda® von Soyana)

Papayapfeffer (siehe Seite 96)

1 EL Honig

SO GEHT'S

1. Den Backofen auf 220 °C vorheizen und ein Backblech mit Backpapier auslegen.

2. Für den Teig Dinkelvollkornmehl, Margarine, Kokosblütenzucker und Salz in eine Schüssel geben. Das Wasser langsam hinzugeben und so lange kneten, bis ein geschmeidiger Teig entsteht. Den Teig anschließend in Klarsichtfolie wickeln und im Kühlschrank etwa 30 Minuten lang ruhen lassen.

3. Für den Belag in der Zwischenzeit die Zwiebel schälen und mit den Feigen in dünne Scheiben schneiden, dann zur Seite stellen.

4. Den Teig auf der Fläche des Backblechs rund ausrollen. Mit dem Frischkäse bestreichen und mit Zwiebelringen und Feigenscheiben belegen.

5. Zum Schluss mit Papayapfeffer bestreuen, mit etwas Honig beträufeln und für 20–30 Minuten im vorgeheizten Backofen goldbraun backen.

6. Nach dem Backen kurz auskühlen lassen, in Stücke schneiden und genießen.

KRÄUTER-CHIA-CRACKER

Knusprig lecker kommen die würzigen Chia-Cracker um die Ecke und sind vielfältig einsetzbar.

ZUTATEN

Ergibt 1 Backblech Cracker

60 g Chiasamen

50 g Sesamsamen

1 kleine rote Zwiebel

1 TL Olivenöl

100 g gemischte Kerne (Pinien-, Sonnenblumen- und Kürbiskerne)

1 EL gehackte Kräuter

½ TL Salz

180 ml Wasser

Für die Deko

frische Kräuter deiner Wahl

SO GEHT'S

1. Den Backofen auf 175 °C vorheizen und ein Backblech mit Backpapier auslegen.

2. Die Sesamsamen in einer Pfanne ohne Fett goldbraun anrösten. Die Zwiebel schälen, fein hacken und in einer Pfanne mit Olivenöl knusprig anbraten.

3. Alle Zutaten in eine Schüssel geben und für 20 Minuten quellen lassen, bis die gesamte Flüssigkeit aufgenommen wurde. Den Teig so dünn wie möglich auf das Backblech streichen und die frischen Kräuter in den Teig drücken.

4. Den Teig in den vorgeheizten Ofen schieben und auf der mittleren Schiene 15 Minuten backen. (Je dicker der Teig, desto länger die Backzeit.)

5. Die Cracker anschließend mit einem scharfen Messer in Rechtecke schneiden, dabei vorsichtig wenden und für weitere 20–35 Minuten (variiert je nach Teigdicke) goldbraun und knusprig backen. Die Cracker aus dem Backofen nehmen und auf einem Kuchenrost auskühlen lassen.

TIPP

Luftdicht verpackt halten sich die Cracker einige Wochen. Sie eignen sich als Knäckebrot-Ersatz und sind ein super gesunder Snack für einen Fernsehabend. Wer mag, macht sich noch einen Dip dazu (z.B. Seite 92–93).

ASIAN HOT BOWL

MIT GRÜNEM GEMÜSE

Knackig-grünes Gemüse trifft auf asiatische Brühe
und holt dich so gekonnt aus jedem Bürotief.

ZUTATEN

**Für 1 Schale
Suppenglück**

50 g Kubota-Nudeln

100 g grüner Thai-
Spargel

150 g Pak Choi

5 asiatische Schnitt-
lauchblüten

10 g Ingwer

1 Handvoll Sojasprossen

2 EL Limettensaft

2 EL Misopaste

2 EL Sojasoße

350 ml kochendes
Wasser

SO GEHT'S

1. Die Nudeln in kochendem
Salzwasser 10 Minuten bissfest garen, abgießen und
zur Seite stellen.

2. Thai-Spargel, Pak Choi und
Schnittlauchblüten waschen
und in dünne Streifen bzw.
klein schneiden. Den Ingwer
schälen und fein reiben.

3. Die Nudeln und die vorbere-
teten Zutaten in eine große
Schüssel geben, mit kochendem Wasser aufgießen und
abgedeckt für etwa 5 Minuten
ziehen lassen. Zum Schluss
mit Limettensaft, Misopaste
und Sojasoße abschmecken.

TIPP

Das vorbereitete Gemüse
und die Nudeln am Abend
vorher in eine große Frischhaltedose füllen. Im Büro
dann ganz einfach mit
kochendem Wasser über-
gießen, würzen und
genießen.

OFENGEBACKENE SÜSSKARTOFFEL

MIT GRANATAPFEL UND ZITRONENGRAS-DIP

Scharlachroter Schmuckstein schmiegt sich an ofengebackene Süßkartoffel. Ein echtes Dreamteam gegen Hunger.

ZUTATEN

Für 2 x Süßkartoffel-Liebe

1 große Süßkartoffel

2 EL Olivenöl

1 fein gehackte Knoblauchzehe

2 gehackte Frühlingszwiebeln

50 g Kichererbsen (aus der Dose)

Salz

Pfeffer

3 gehackte Korianderstiele

Kerne von ½ Granatapfel

1 EL geröstete Sesamsamen

Ingwer-Zitronengras-Dip (siehe S. 88–89)

SO GEHT'S

1. Den Backofen auf 200 °C vorheizen. Die Süßkartoffel waschen, abtrocknen und in eine Auflaufform legen. Dann im vorgeheizten Backofen 45–60 Minuten garen. (Die Backzeit variiert je nach Größe). Die Süßkartoffel ist perfekt gegart, wenn die Schale sich dunkel verfärbt, karamellisierter Saft austritt und das Innere schön weich ist.

2. Nach dem Backen die Süßkartoffel halbieren, das Fruchtfleisch mit einem Löffel herauslösen und würfeln. Die leeren „Schalen" zum Anrichten zur Seite stellen.

3. Das Olivenöl in einer Pfanne erhitzen, Knoblauch, Frühlingszwiebeln, Kichererbsen und Süßkartoffelwürfel kurz darin anbraten, dann mit Salz und Pfeffer abschmecken.

4. Die Süßkartoffelschalen auf einem Teller anrichten, die Füllung darin verteilen, mit gehacktem Koriander, Granatapfelkernen und Sesamsamen bestreuen.

5. Zum Schluss mit Ingwer-Zitronengras-Dip toppen und genießen.

TIPP

Die Süßkartoffel kann auch wunderbar gegen einen kleinen Hokkaido-Kürbis ausgetauscht werden.

TIPP

Mein grüner Spargelsalat lässt sich auch außerhalb der Spargelsaison zubereiten. Im Asialaden gibt es grünen Thai-Spargel; dieser ist zwar dünner und kleiner als unser grüner Spargel, lässt sich aber genauso verarbeiten und muss nicht geschält werden.

GRÜNER SPARGELSALAT

MIT POCHIERTEM EI & GERÖSTETEN SESAMBRÖSELN

Grüner Spargelsalat, pochiertes Ei und geröstete
Sesambrösel. Ich glaube, ich höre die Englein singen.

ZUTATEN

Für 2 Salatliebhaber

1 kg grüner Spargel

4 Eier

2 EL heller Essig zum
Pochieren

2 Scheiben Vollkorntoast

1 EL Butter zum
Anrösten

2 TL Sesamsamen

1 EL gehackte Cashew-
kerne

Für die Honig-
Schnittlauch-Vinaigrette

2 EL Apfelessig

2 TL mittelscharfer Senf

2 EL Honig

4 TL Zitronensaft

6 EL Olivenöl

½ Bund Schnittlauch,
gehackt

SO GEHT'S

1. Zuerst für die Honig-Schnitt-
lauch-Vinaigrette Essig, Senf,
Honig und Zitronensaft in
einer kleinen Schüssel miteinander vermischen. Das
Olivenöl in einem dünnen
Strahl langsam einrühren und
den gehackten Schnittlauch
unterheben. Die Vinaigrette
bis zur Verwendung in den
Kühlschrank stellen.

2. Den Spargel waschen und
holzige Enden abschneiden.
Dann für 3 Minuten in
kochendem Wasser blanchie-
ren und anschließend in
Eiswasser abschrecken. Die
Spargelstangen mit einem
Messer oder Gemüseschäler
in dünne Streifen schneiden
und auf Tellern anrichten.

3. Einen großen Topf mit Wasser
und 2 EL Apfelessig erhitzen.
Wichtig dabei ist, dass das
Wasser nicht kocht, sondern
nur kurz simmert. Dann die
Eier einzeln in einer Tasse

aufschlagen, zeitgleich das
Kochwasser mit einem Löffel
kräftig umrühren, sodass in
der Mitte ein Strudel entsteht.
Das Ei in das Kochwasser
gleiten lassen und 2–4 Minuten garen lassen, je nach ge-
wünschtem Härtegrad. Mit
einem Schaumlöffel aus dem
Wasser heben und auf Kü-
chenkrepp abtropfen lassen.
Mit den restlichen Eiern
ebenso verfahren.

4. Das Toastbrot mit den Fingern
zerkrümeln, die Butter in einer
Pfanne erhitzen, dann Toast-
krümel und Sesamsamen
goldbraun darin anrösten.

5. Die pochierten Eier vorsichtig
auf den Spargelsalat setzen,
mit Sesam-Toast-Bröseln und
Cashewkernen bestreuen und
mit der Honig-Schnitt-
lauch-Vinaigrette beträufeln.

ROTE-BETE-KÜRBIS-SALAT

MIT CASHEW-DRESSING

Zweierlei Beten treffen auf herbstlichen Kürbis und zusammen lassen sie die Sonne aufgehen.

ZUTATEN

Für 2 goldige Salate

Für den Rote-Bete-Kürbis-Salat

½ Hokkaido-Kürbis (etwa 270 g)

2 EL Sonnenblumenöl

Salz

Pfeffer

1 Rote Bete

1 Goldene Bete

150 g Babyspinat

50 g Rucola

1 Handvoll Heidelbeeren

Für das Cashew-Dressing

4 EL Cashewmus

1 gehackte Knoblauchzehe

4 EL Limettensaft

8 EL Wasser

etwas Honig, optional

Für die Deko

geröstete Kichererbsen

SO GEHT'S

1. Die Grillfunktion des Backofens vorheizen. Den Kürbis in mundgerechte Stücke schneiden. In eine Auflaufform geben, mit Sonnenblumenöl beträufeln, mit Salz und Pfeffer würzen und bissfest grillen.

2. In der Zwischenzeit alle Zutaten für das Dressing zusammenmixen, eventuell mit etwas Salz und Pfeffer abschmecken und bis zur Verwendung im Kühlschrank kalt stellen. Sollte das Dressing zu zähflüssig sein, etwas mehr Flüssigkeit hinzugeben.

3. Dann Rote und Goldene Bete waschen und in sehr dünne Scheiben schneiden. Babyspinat und Rucola waschen und auf Tellern anrichten. Die Betescheiben gleichmäßig darauf verteilen.

4. Den gegrillten Kürbis ebenfalls darauf verteilen, mit Heidelbeeren dekorieren und mit dem Dressing beträufeln.

5. Wer mag, kann den Salat zusätzlich mit gerösteten Kichererbsen bestreuen.

TIPP

Das Cashew-Dressing hält sich problemlos bis zu 2 Tage im Kühlschrank und kann auch als leckerer Dip verwendet werden.

AUBERGINEN-CROSTINI

MIT GRÜNKOHLPESTO

Italienisches Flair trifft auf herzhaftes Grünkohlpesto und findet es einfach bueno.

ZUTATEN

Für 10 Auberginen-Crostini

1 Aubergine (etwa 200 g)

Salz

½ Baguette

1 Knoblauchzehe

2 EL Olivenöl

10 halbierte Kirschtomaten

Für die Deko

Grünkohl-Cashew-Pesto (siehe S. 84–85)

Erbsen-Spargel-Sprossen oder Kresse

Papayapfeffer (siehe S. 92)

SO GEHT'S

1. Die Aubergine waschen, in dünne Scheiben schneiden, mit Salz bestreuen und für mindestens 15 Minuten stehen lassen. Durch das Salzen wird die Aubergine entwässert, das Fruchtfleisch wird fester und verliert seine Bitterstoffe. Die Scheiben dann mit einem Küchentuch trocken tupfen.

2. Das Baguette in 10 daumendicke Scheiben schneiden, leicht auf dem Toaster anrösten und anschließend großzügig mit Grünkohl-Cashew-Pesto bestreichen.

3. Den Knoblauch schälen, fein hacken und in einer Pfanne mit Olivenöl und den Auberginenscheiben goldbraun anbraten. Herausnehmen und auf den Baguettescheiben anrichten. Die Tomatenhälften kurz in der noch warmen Pfanne anbraten und auf die Auberginen setzen.

4. Die Crostini mit Erbsen-Spargel-Sprossen oder Kresse dekorieren, mit Papayapfeffer würzen und genießen.

TIPPS

Je nach Saison kannst du auch eine andere Pestovariante verwenden, z.B. Rucola. Er ist ganzjährig zu haben.

KÖSTLICH
INTERNATIONAL

Von England in die Karibik, nach Indien und Mexiko, Amerika,
Asien oder in die Türkei? Wer Lust auf eine kleine kulinarische
Weltreise hat, der ist in diesem Kapitel goldrichtig. Und man
muss dazu nicht mal die eigene Küche verlassen.

SCHARFE INGWER-KICHERERBSEN

Sie können es einfach nicht lassen, meine kichernden Ladys. Jetzt stehlen sie selbst dem Tatort die Show.

ZUTATEN

Für 1 scharfen Snack

1 Dose Kichererbsen à 400 g

1 daumendickes Stück Ingwer

1 Knoblauchzehe

5 Korianderstiele

½–1 grüne Chilischote

2 EL Olivenöl

¼ TL Salz

½-1 TL Paprikapulver (je nach Geschmack)

SO GEHT'S

1. Die Kichererbsen in ein Sieb gießen, abspülen und auf einem Küchentuch abtropfen und trocknen lassen. Den Backofen auf 200 °C vorheizen. Ein Backblech mit Backpapier auslegen und zur Seite stellen.

2. In der Zwischenzeit Ingwer und Knoblauch schälen, den Koriander waschen. Dann Ingwer, Knoblauch, Koriander und Chilischote fein hacken.

Die Kichererbsen in eine Schüssel geben, mit Ingwer, Chili, Knoblauch, Öl und Salz mischen und anschließend auf dem Backblech verteilen.

3. Im vorgeheizten Backofen 25–35 Minuten rösten, dabei alle 10 Minuten wenden.

4. Die gerösteten Kichererbsen nach dem Backen mit dem Paprikapulver bestreuen und mit Koriander garnieren.

TIPP

Die gerösteten Kichererbsen in einer Frischhaltedose aufbewahren, denn sie eignen sich nicht nur als TV-Knabberei, sondern auch hervorragend als Salat-Topping.

TIPP

Diese Fritten sind so intensiv im Geschmack, dass sie eigentlich keinen Dip brauchen. Wer allerdings nicht darauf verzichten möchte, liegt mit meinem leckeren Ingwer-Zitronengras-Dip mit Papayapfeffer (siehe S. 88–89) genau richtig.

PARMESAN-SÜSS-KARTOFFEL-FRITTEN

Süßkartoffel-Fritten verfeinert mit Ingwer und Parmesan – das ist das neue Pommes rot-weiß!

ZUTATEN

Für 2 Portionen Frittenglück

700 g Süßkartoffeln

15 g Ingwer (etwa daumendick)

25 g Parmesan

3 EL Sonnenblumenöl

Salz

1 EL gehackter Thymian

SO GEHT'S

1. Den Backofen auf 220 °C vorheizen und ein Backblech mit Backpapier auslegen.

2. Die Süßkartoffeln waschen, abtrocknen und in etwa 1 cm breite Stifte schneiden.

3. Den Ingwer schälen und reiben, den Parmesan ebenfalls fein reiben.

4. Dann Süßkartoffelstifte und Ingwer in eine große Schüssel geben, mit dem Öl beträufeln und salzen. Mit der Hälfte des Parmesans sowie dem Thymian bestreuen. Alles gut mischen, dann gleichmäßig auf dem Backblech verteilen.

Dabei darauf achten, dass die Fritten nicht übereinander liegen und genügend Platz haben, ansonsten werden sie nicht so knusprig.

5. Die Fritten für etwa 25 Minuten im vorgeheizten Backofen goldbraun backen.

6. Nach der Hälfte der Backzeit die Fritten wenden und weiterbacken. Nach Ende der Backzeit aus dem Ofen nehmen und mit dem restlichen Parmesan bestreuen.

MAKE IT VEGAN!

Der Camembert lässt sich wunderbar durch Räuchertofu oder veganen Käse ersetzen.

KARIBISCHE MANGO-CAMEMBERT-WRAPS

Exotische Mango-Camembert-Wraps, die mich von fernen Stränden, kristallblauem Meer und Hängematten träumen lassen.

ZUTATEN

Für 2 karibische Wraps

Für das Rote-Zwiebel-Mango-Chutney

1 kleine rote Zwiebel

½ Mango

1 kleine Knoblauchzehe

½ rote Chilischote

1 TL Olivenöl

2 EL Limettensaft

Salz

Papayapfeffer (siehe Seite 96)

Für die Tortillas

2 Weizentortillas

½ Romana-Salatherz

75 g laktosefreier Camembert

2 EL Hummus

Für die Deko

frische Minzblätter

SO GEHT'S

1. Für das Chutney die Zwiebel schälen und in Ringe schneiden. Die Mango schälen und würfeln. Den Knoblauch schälen und mit der Chilischote fein hacken.

2. Das Olivenöl in einer Pfanne erhitzen und Zwiebelringe, Knoblauch und Chili glasig darin anbraten. Anschließend alles in eine Schüssel geben, mit Limettensaft, Salz und Papayapfeffer abschmecken und bis zur Verwendung in den Kühlschrank stellen.

3. In der Zwischenzeit die Tortillas in einer Pfanne ohne Öl erwärmen. Den Salat gut waschen, trocken schleudern und in feine Streifen schneiden. Auch den Camembert in dünne Streifen schneiden.

4. Die Tortillas mit dem Hummus bestreichen, dann Salat- und Camembertstreifen sowie das Chutney darauf verteilen. Die Wraps an beiden Seiten umschlagen und anschließend von unten aufrollen. Mit einem Sägemesser schräg halbieren und mit Minzblättern garnieren.

TIPP

Die Enden der Wraps mit Pergamentpapier einschlagen und mit einem Bindfaden fixieren; so kann man sie auch unterwegs problemlos genießen.

TIPP

Die Kichererbsen-Kürbis-Falafel eignen sich super als Füllung für meinen exotischen Döner (siehe S. 136–137). Aber auch als Hauptakteur zusammen mit der Dragon Fruit Salsa (siehe S. 120–121) sind dem Genuss keine Grenzen gesetzt.

KICHERERBSEN-KÜRBIS-FALAFEL

Die Venuskicher aus der Familie der Schmetterlingsblütler macht ihrem Namen alle Ehre und schwebt leicht wie eine Göttin auf meinen Teller.

ZUTATEN

Für 18 kichernde Falafel

Für die Falafel

1 Dose Kichererbsen
á 400g
250 g Hokkaido-Kürbis
2 Knoblauchzehen
½ Bund Koriander
3 Frühlingszwiebeln
1 EL Walnussöl
¼ TL Kreuzkümmel
½ TL Salz
1 TL Tahin (Sesampaste)
½ TL Pfeffer
1 Ei

Zum Panieren

1 Ei
80 g Paniermehl
Ghee zum Braten

SO GEHT'S

1. Die Kichererbsen in ein Sieb gießen und abtropfen lassen. Den Kürbis in grobe Stücke schneiden, in einen Topf mit kochendem Wasser geben und weich garen. Den Knoblauch schälen und fein hacken. Den Koriander waschen und ebenfalls fein hacken. Die Frühlingszwiebeln gut putzen, waschen und klein schneiden.

2. Das Walnussöl in einer kleinen Pfanne erhitzen und den Knoblauch glasig anbraten.

3. Dann mit den restlichen Zutaten für die Falafel in einem Hochleistungsmixer zerkleinern, bis eine Masse entsteht, die sich gut formen lässt.

Sollte die Masse zu weich sein, einfach etwas Paniermehl hinzugeben. Aus der Masse etwa 18 walnussgroße Falafelbällchen formen.

4. Zum Panieren das Ei verquirlen. Dann Ei und Paniermehl auf 2 separate Teller geben und die Bällchen erst in Ei, dann in Paniermehl wenden.

5. Das Ghee in einer Pfanne erhitzen und die Kichererbsen-Kürbis-Falafel bei mittlerer Hitze von allen Seiten goldbraun anbraten.

6. Anschließend auf einem Teller mit Küchenkrepp abtropfen lassen und genießen.

INKA-QUINOA-MINI-BURGER

MIT MANGO-CHUTNEY & ROTE-BETE-SPROSSEN

Selbst die Inkas wussten schon um die Kraft der Quinoa und würden sich nach meinen Burgern sicherlich die Finger schlecken.

ZUTATEN

Für 8 Mini-Inkas

8 kleine Dinkelvollkornbrötchen

350 ml Wasser

1 gestrichener TL Salz

150 g Quinoa, ungekocht

3 gehäufte EL Kichererbsenmehl

3 Eier, verquirlt

1 fein gewürfelte rote Zwiebel

1 fein gehackte Knoblauchzehe

2 EL gehackter Koriander

50 g geriebener Cheddar

Pflanzenöl zum Braten

Avocado-Kürbiskern-Dip (siehe S. 133)

Rote-Zwiebel-Mango-Chutney (siehe S. 115)

Rote-Bete-Sprossen

SO GEHT'S

1. Für die Bratlinge Wasser und Salz in einem Topf zum Kochen bringen.

2. Quinoa dazugeben und etwa 15 Minuten gar kochen, bis die Flüssigkeit vollständig aufgenommen worden ist. Das Quinoa auskühlen lassen und anschließend mit den restlichen Zutaten in eine Schüssel geben und miteinander vermischen. Aus der Masse nun 8 Bratlinge formen.

3. Eine Pfanne mit Öl erhitzen und die Quinoa-Bratlinge darin von beiden Seiten goldbraun anbraten. Herausnehmen und auf Küchenkrepp abtropfen lassen.

4. Die Brötchen im Backofen oder mithilfe eines Toasters leicht anrösten.

5. Zum Anrichten der Burger die Brötchen längs aufschneiden, mit Avocado-Kürbiskern-Dip bestreichen und einen Bratling daraufsetzen. Mit etwas Rote-Zwiebel-Mango-Chutney sowie Rote-Bete-Sprossen garnieren.

TIPP

Zitronengrasstängel eignen sich hervorragend als Hilfsmittel, um die Burger zusammenzuhalten.

MEXIKANISCHE DRAGON FRUIT SALSA

Pretty in Pink kommt die Drachenfrucht daher und zeigt,
dass es manchmal doch nur schwarz und weiß gibt.

ZUTATEN

Für 1 drachenstarke Portion

2 Drachenfrüchte

1 kleine rote Zwiebel

2 Frühlingszwiebeln

3 frische Korianderstiele

1–2 EL Limettensaft

Papayapfeffer (siehe Seite 92)

Salz

SO GEHT'S

1. Die Drachenfrüchte halbieren und das Fruchtfleisch mit einem Löffel herauslösen, dann in Würfel schneiden. Die Zwiebel schälen und ebenfalls würfeln. Die Frühlingszwiebeln waschen, putzen und in Ringe schneiden. Den Koriander waschen und fein hacken.

2. Alle Zutaten in eine Schüssel geben, gut miteinander vermischen und nach Belieben leicht salzen. Abdecken und vor dem Verzehr mindestens 30 Minuten im Kühlschrank durchziehen lassen.

TIPP

Die Dragon Fruit Salsa passt hervorragend zu Tacos und Falafel und hält sich im Kühlschrank bis zu 2 Tage lang.

TIPP

Zu viele Süßkartoffel-
Couscous-Patties gemacht?
Kein Problem! Die gebratenen
Patties lassen sich wunderbar
einfrieren. Zur Kürbiszeit kann
die Süßkartoffel auch gegen
Hokkaido-Kürbis ge-
tauscht werden.

PORTOBELLO-SÜSS-KARTOFFEL-BURGER

MIT SPROSSEN

Leckere Burger-Patties unter der Pilzhaube – es ist Zeit, Burger mal anders zu denken und vor allem zu essen!

ZUTATEN

Für 4 Burger

Für die Süßkartoffel-Couscous-Patties

250 ml Gemüsebrühe

1 EL Olivenöl

125 g Couscous

3 Frühlingszwiebeln

1 Knoblauchzehe

1 gekochte Süßkartoffel (180 g)

1 gestrichener TL Guarkernmehl

Salz

Papayapfeffer (siehe Seite 96)

Pflanzenöl zum Braten

Für die Burger

8 Portobello-Pilze

Olivenöl

1 Tomate

4 Salatblätter

vegane Mayonnaise

60 g Erbsen-Spargel-Sprossen

SO GEHT'S

1. Gemüsebrühe mit Olivenöl in einem Topf zum Kochen bringen. Couscous dazugeben, umrühren und aufkochen lassen. Abgedeckt etwa 10 Minuten quellen lassen.

2. In der Zwischenzeit die Frühlingszwiebeln putzen, waschen und in Ringe schneiden. Den Knoblauch schälen und hacken. Die gekochte Süßkartoffel stampfen und mit Frühlingszwiebeln, Knoblauch sowie dem Guarkernmehl unter den gequollenen Couscous mischen. Diese Masse mit etwas Salz und Papayapfeffer abschmecken und zu 4 handflächengroßen Patties formen.

3. Etwas Öl in einer Pfanne erhitzen und darin die Süßkartoffel-Couscous-Patties goldbraun anbraten.

4. Für die Burger-„Brötchen" die Portobello-Pilze abbürsten, den Strunk entfernen, den Pilzhut mit etwas Olivenöl bestreichen und salzen. Anschließend mit der Lamellenseite nach unten für etwa 3 Minuten in einer Pfanne grillen, wenden und noch mal für weitere 3 Minuten grillen. (Ich mag meine Pilze gerne bissfest, wer sie weicher möchte, sollte die Zeit dementsprechend anpassen.)

5. Zum Fertigstellen der Burger die Tomate waschen und in Scheiben schneiden. Je einen „Pilzhut" auf einen Teller geben, ein Salatblatt darauflegen, mit einem Patty belegen und mit einer Tomatenscheibe garnieren. Als Letztes die Mayonnaise darauf verteilen, mit Erbsen-Spargel-Sprossen dekorieren und mit einem weiteren Portobello-Pilz als „Deckel" abschließen.

TIPP

Verpackt in Weckgläser sind die Wraps der ideale Outdoor-Snack. Den letzten optischen Schliff bekommt der Salat, wenn du die Radieschen mithilfe eines Fondant-Ausstechers zu kleinen Blüten ausstichst.

COUSCOUS-SALAT-WRAPS

Bei so viel Schärfe entblättert sich der Couscous und schlüpft in ein leichtes Salatkleidchen. Buttrige Avocado und knackige Pistazien dürfen da natürlich nicht fehlen.

ZUTATEN

Für 8 leckere Wraps

Für den Couscous

125 g Couscous

125 ml Wasser

1 TL Salz

3 EL Olivenöl

Für die Füllung

4 Radieschen

2 Frühlingszwiebeln

8 gelbe Kirschtomaten

2 rote Mini-Paprika-schoten

1 Knoblauchzehe

1 Avocado

2–3 EL Ajvar (scharfe Paprika-Würzpaste)

Saft von 1 Limette

Salz

Pfeffer

8 große Salatblätter (etwa 1–2 Romana-Salatherzen)

1 EL gehackte Pistazien

SO GEHT'S

1. Für den Couscous das Wasser zusammen mit Salz und 1 EL Olivenöl zum Kochen bringen. Den Topf vom Herd nehmen, den Couscous einrühren und mit geschlossenem Deckel für 2 Minuten quellen lassen. Den Couscous zurück auf die Herdplatte stellen, die verbleibenden 2 EL Olivenöl unterrühren und bei schwacher Hitze für 3 Minuten fertig garen. Anschließend mit einer Gabel etwas auflockern und auskühlen lassen.

2. In der Zwischenzeit Radieschen, Frühlingszwiebeln, Kirschtomaten und Paprika waschen und in Scheiben bzw. klein schneiden. Den Knoblauch schälen und hacken, die Avocado ebenfalls schälen und würfeln.

3. Den Ajvar unter den abgekühlten Couscous rühren, das klein geschnittene Gemüse unterheben und zum Schluss mit Limettensaft, Salz und Pfeffer abschmecken.

4. Die Couscousmischung in die Salatblätter füllen, mit den gehackten Pistazien bestreuen und genießen.

TIPP

Je nach Saison lässt
sich mein Quinoasalat
auch super mit Heidel-
beeren, Erdbeeren oder
Mango zubereiten.

BROMBEER-QUINOA-SALAT

MIT MAIS UND ERBSEN

Der bunte Quinoasalat mit fruchtigen Brombeeren, gelbem Mais und knackigen Erbsen lädt zum gesunden und leckeren Schlemmen ein.

ZUTATEN

Für den Quinoasalat

270 ml Wasser

Salz

100 g Quinoa Tricolore

2 gekochte Maiskolben (etwa 100 g Maiskörner)

50 g frische gepalte Erbsen

60 g Brombeeren

2 Frühlingszwiebeln

Für das Dressing

3 EL Sonnenblumenöl

Saft von ½ Limette

2 EL Orangensaft

1 TL Honig

Salz

Pfeffer

Für die Deko

Minzblätter

SO GEHT'S

1. Das Wasser in einem Topf mit etwas Salz zum Kochen bringen. Das Quinoa einrühren und für 15 Minuten auf kleiner Flamme köcheln lassen. Am Ende der Kochzeit sollte das gesamte Wasser aufgenommen worden sein.

2. Den Mais mit einem scharfen Messer von den Maiskolben schaben und zusammen mit den Erbsen zum fertigen Quinoa geben. Die Frühlingszwiebeln putzen, waschen und in Ringe schneiden, dann unterheben.

3. Für das Dressing alle Zutaten miteinander verrühren, mit dem Quinoasalat mischen und nach Belieben mit Salz und Pfeffer nachwürzen.

4. Den Salat auf Tellern anrichten, zum Schluss die Brombeeren darauf verteilen und mit Minzblättern dekorieren.

MAKE IT VEGAN!

Der Honig kann auch durch Agavendicksaft ersetzt werden.

SESAM-PARMESAN-GRÜNKOHL-CHIPS

Der nächste Fernsehabend ohne knusprige Grünkohl-Chips? Einfach unvorstellbar!

ZUTATEN

Für 1 knusprige Portion

100 g Grünkohl
(ohne Stiele)

2 EL Olivenöl

20 g geriebener
Parmesan

1 EL Sesamsamen

Salz

SO GEHT'S

1. Den Backofen auf 175 °C vorheizen und ein Backblech mit Backpapier auslegen.

2. Den Grünkohl waschen, trocken tupfen, von der dicken Mittelrippe trennen und in kleine mundgerechte Chips schneiden.

3. Den Grünkohl in eine Schüssel geben, mit Olivenöl, Parmesan und Sesam mischen und anschließend auf dem vorbereiteten Backblech ausbreiten.

Mit Salz würzen und im vorgeheizten Ofen 10 Minuten lang backen.

4. Die Grünkohl-Chips sind fertig, wenn die Ränder leicht braun sind und sie sich trocken anfühlen.

5. Sollten die Chips nach der Backzeit noch nicht fertig sein, diese noch etwas länger im Ofen lassen, aber unbedingt im Auge behalten, da sie sehr schnell verbrennen.

TIPP

Wer es exotisch mag, kann die fertigen Chips mit etwas Curry- und Chilipulver bestreuen.

TIPP

Für das Rucolapesto
1 Knoblauchzehe schälen
und mit 80g Rucola und 100g
Pecorino im Mixer zerkleinern.
125ml Olivenöl dazugießen,
noch mal gut mischen und
mit Salz abschmecken.

ROMANESCO-CHIA-PIZZA

Himmlisch lecker und doch von dieser Erde, wird die außerirdische Schönheit zu unserem knusprigen Liebling.

ZUTATEN

Für 1 außerirdisch leckeres Backblech

Für den Pizzaboden

1 kleiner Romanesco à 750 g
1 Ei (Größe M)
50 g geriebener Käse
1 TL Chiasamen
1 TL Salz

Für den Belag

1 rote Zwiebel
6 Kirschtomaten
125 g Kräuterfrischkäse
50 g Rucola

Für das Rucolapesto

80 g Rucola
1 Knoblauchzehe
100 g Pecorino
125 ml Olivenöl
Salz

SO GEHT'S

1. Den Backofen auf 200 °C vorheizen und ein Backblech mit Backpapier auslegen. Den Rucola waschen und trocken schleudern.

2. Den Romanesco waschen und in kleine Röschen zerteilen. Die Röschen in einen Topf mit Einsatz zum Dampfgaren legen und bissfest garen. Das dauert 10–15 Minuten. Hinweis: Den Romanesco bitte nicht kochen, sondern nur dämpfen, da er sonst zu matschig wird.

3. Die Romanesco-Röschen in einem Hochleistungsmixer zerkleinern, anschließend in ein sauberes Küchentuch geben und die Flüssigkeit aus der Romanesco-Masse drücken. Hierzu braucht man etwas Geduld und Kraft. Der Romanesco ist perfekt, wenn fast keine Flüssigkeit mehr aus dem Tuch tropft. Öffnet man das Küchentuch, sollte sich ein fester Kloß zeigen.

4. Die Masse in eine Schüssel geben und mit Ei, geriebenem Käse, Chiasamen und Salz zu einem glatten Teig verarbeiten. Den Teig so dünn wie möglich (etwa 0,5 cm) auf das Backblech streichen und im vorgeheizten Ofen 15 Minuten backen.

5. In der Zwischenzeit für den Belag die Zwiebel schälen und in dünne Ringe schneiden. Die Tomaten waschen und halbieren.

6. Den Romanesco-Boden aus dem Ofen nehmen, kurz auskühlen lassen, mit Frischkäse bestreichen und mit Zwiebelringen belegen. Dann für weitere 10–15 Minuten bei 220 °C fertig backen.

7. Die Pizza aus dem Ofen nehmen, kurz auskühlen lassen, mit Rucola und Tomaten belegen und je nach Wunsch mit Rucolapesto (siehe Tipp links) besprenkeln.

MAKE IT VEGAN!

Den Feta weglassen oder durch veganen Käse ersetzen.

MEXIKANISCHE KÜRBIS-TACOS

MIT AVOCADO-KÜRBISKERN-DIP

Viva Mexiko! Mit farbenfrohen Sombreros und leckeren Kürbis-Tacos holst du dir das Urlaubsfeeling in die Küche!

ZUTATEN

Für 3–4 Kürbis-Tacos

3–4 Tacos

Für die Kürbisfüllung

80 g schwarze Bohnen

500 g Hokkaido-Kürbis

20 g Ingwer

1 Knoblauchzehe

1 rote Chilischote

½ TL gemahlener Koriander

3 EL Olivenöl

Salz

Papayapfeffer (siehe Seite 96)

4 Frühlingszwiebeln

100 g Fetakäse

Porreesprossen

Für den Avocado-Kürbiskern-Dip

1 EL Kürbiskerne

1 reife Avocado

2 EL Limettensaft

1 EL Kürbiskernöl

Salz

SO GEHT'S

1. Die Bohnen über Nacht in reichlich Wasser einweichen. Am nächsten Tag 60–100 Minuten lang gar kochen. In der Zwischenzeit den Backofen auf 200 °C vorheizen.

2. Den Kürbis waschen, abtrocknen, mit der Schale in Würfel schneiden und in eine Auflaufform schichten.

3. Den Ingwer schälen und reiben, den Knoblauch schälen und hacken. Chili ebenfalls hacken. Das Olivenöl mit Ingwer, Knoblauch, Chili und Koriander mischen und über den Kürbis träufeln. Mit Salz und Papayapfeffer würzen und für etwa 20 Minuten goldbraun backen.

4. Für den Dip die Kürbiskerne in einer Pfanne ohne Öl anrösten. Die Avocado schälen, mit Limettensaft, Kürbiskernöl, gerösteten Kürbiskernen und etwas Salz in einem Hochleistungsmixer pürieren und bis zur Verwendung in den Kühlschrank stellen.

5. Die schwarzen Bohnen nach dem Kochen abtropfen lassen und mit den Kürbiswürfeln mischen. Die Frühlingszwiebeln putzen, waschen und in feine Ringe schneiden.

6. Die Tacos in einer Pfanne ohne Fett kurz anrösten. Auf die Teller geben und den Dip daraufstreichen. Die Füllung auf den Tacos verteilen und mit Frühlingszwiebeln sowie zerbröckeltem Feta bestreuen. Zum Schluss mit Porreesprossen dekorieren.

MAKE IT VEGAN!

Einfach das Spiegelei weglassen und schon ist das Banh Mi vegan.

VIETNAMESISCHES SANDWICH (BANH MI)

MIT RÄUCHERTOFU

Knuspriges Baguette mit köstlichem Rote-Bete-Dip, geräuchertem Tofu und gebackenem Spiegelei. Lecker!

ZUTATEN

Für 4 Sandwiches

Für den Rote-Bete-Dip
1 Rote Bete
1 rote Zwiebel
1 Knoblauchzehe
20 g Ingwer
300 ml Wasser
1–2 EL geriebener Meerrettich
Salz

Für das Banh Mi
1 Baguette
2 Jalapeños
1 EL Olivenöl
4 Eier
200 g Räuchertofu
60 g Karottenstifte
80 g Mungbohnen-Sprossen
Limettensaft

Für die Deko
Rote-Bete-Chips
(siehe S. 78–79)
Zitronenmelisse-Blätter

SO GEHT'S

1. Für den Rote-Bete-Dip zuerst die Rote Bete schälen und grob würfeln. Wer keine roten Finger mag, trägt dazu am besten Einweghandschuhe. Dann Zwiebel, Knoblauch und Ingwer schälen und grob hacken. Zusammen mit den Rote-Bete-Würfeln in einen Topf mit Wasser geben, zum Kochen bringen und bei schwacher Hitze gar kochen. Wenn die Rote Bete weich ist, das Wasser abgießen und auskühlen lassen. Die ausgekühlte Rote Bete anschließend mit Meerrettich in einen Mixer geben, sehr fein pürieren und nach Belieben etwas salzen. Alternativ einen Pürierstab verwenden. Bis zur Verwendung im Kühlschrank aufbewahren.

2. Das Baguette vierteln, längs aufschneiden und nach Wunsch leicht anrösten. Die Jalapeños in Scheiben schneiden. Das Olivenöl in einer beschichteten Pfanne erhitzen und die Eier darin zu Spiegeleiern braten. Aus der Pfanne heben und auf einem Teller zur Seite stellen.

3. Den Räuchertofu in Scheiben schneiden und kurz in der gleichen Pfanne erwärmen. Die Unterseiten der Sandwichstücke zuerst mit reichlich Rote-Bete-Dip bestreichen. Dann mit Räuchertofu, je einem Spiegelei, Karottenstiften, Mungbohnen-Sprossen und Jalapeños belegen.

4. Wer möchte, kann das Ganze noch mit einem Spritzer Limettensaft sowie etwas Salz und Pfeffer würzen.

5. Ganz besonders knusprig wird das Baguette mit ein paar Rote-Bete-Chips. Nach Belieben mit etwas Zitronenmelisse dekorieren.

AUBERGINEN-DÖNER

MIT LINSEN-DATTEL-DIP

Orient meets Okzident und verschmilzt mit Kichererbsen-Kürbis-Falafel, gebratenen Auberginen und Linsen-Dattel-Dip zu einem unvergleichlichen Gaumenschmaus.

ZUTATEN

Für 1 orientalischen Gaumengenuss

Für den Linsen-Dattel-Dip

1 kleine Zwiebel

1 Knoblauchzehe

20 g Ingwer

1 EL Pflanzenöl

150 g rote Linsen

2 TL Currypulver

400 ml Gemüsebrühe

3 EL Walnussöl

2 TL Zitronensaft

75 g Datteln

Für den Döner

½ Aubergine Antigua à etwa 175 g

Salz

1 rote Perlzwiebel

2 orange Mini-Sweet-Paprika

4 Kirschtomaten

2 EL Olivenöl

¼ Fladenbrot

3 halbierte Kichererbsen-Kürbis-Falafel (siehe S. 116–117)

SO GEHT'S

1. Für den Dip Zwiebel, Knoblauch und Ingwer schälen und fein würfeln.

2. Das Öl in einem Topf erhitzen und alles glasig darin andünsten. Dann Linsen und Currypulver zugeben, kurz mit anbraten, mit der Brühe aufgießen und zum Kochen bringen. Abgedeckt bei mittlerer Hitze etwa 10 Minuten kochen, bis die Linsen weich sind und die Flüssigkeit fast vollständig verkocht ist. Walnussöl, Zitronensaft und Datteln zu den Linsen geben und alles in einem Hochleistungsmixer fein pürieren. Den Dip kalt stellen.

3. In der Zwischenzeit die Aubergine waschen, in dünne Scheiben schneiden, mit Salz bestreuen und für mindestens 15 Minuten stehen lassen. Durch das Salzen wird die Aubergine entwässert, das Fruchtfleisch wird fester und verliert seine Bitterstoffe.

4. Die Scheiben anschließend mit Küchenkrepp trocken tupfen. Die Perlzwiebel schälen und in Ringe schneiden. Die Mini-Paprikas waschen, entkernen und in schmale Ringe schneiden.

5. Die Kirschtomaten waschen und halbieren.

6. Das Olivenöl in einer beschichteten Pfanne erhitzen, die Auberginenscheiben darin goldbraun anbraten und danach auf einem Teller mit Küchenkrepp abtropfen lassen.

7. In der Zwischenzeit das Fladenbrot von beiden Seiten anrösten, aufschneiden und großzügig mit dem Linsen-Dattel-Dip bestreichen. Mit gebratenen Auberginenscheiben, den halbierten Falafelbällchen, Paprika, Kirschtomaten und Zwiebelringen belegen. Zum Schluss mit Minzblättchen dekorieren.

QUINOA-ROTE-BETE-SUSHI-ROLLS

All you can eat is all you can eat: Inka-Powerkorn trifft auf japanisches Algenblatt.

ZUTATEN

Für 2 Portionen gerollte Power

150 g Quinoa

400 ml Wasser

1 TL Salz

1 TL Honig

4 EL Reisessig

1 gekochte Rote Bete

1 Avocado

1 gelbe Zucchini à etwa 300 g

1 Kästchen Kresse

4 Nori-Blätter (Algenblätter)

Bambusmatte zum Aufrollen

Zum Servieren

Sojasoße

eingelegter Ingwer

2 fein gehackte Frühlingszwiebeln

SO GEHT'S

1. Das Quinoa in einem Topf mit kochendem Salzwasser für etwa 15 Minuten garen.

2. Abgießen, mit Salz, Honig und Reisessig abschmecken und auskühlen lassen.

3. In der Zwischenzeit die Rote Bete fein raspeln (dazu am besten Handschuhe tragen), die Avocado schälen, die Zucchini waschen und beides in feine Streifen schneiden. Eine Bambusmatte auf der Arbeitsfläche ausrollen und ein Noriblatt mit der glänzenden Seite nach unten darauflegen. ¼ des Quinoa gleichmäßig darauf verteilen und dabei einen etwa 2 cm breiten Rand zum oberen Ende freilassen.

4. In der Mitte ¼ der Roten Bete als Längsstreifen verteilen. Darauf Avocado- und Zucchinistreifen sowie ein paar Kresseblättchen verteilen. Die Bambusmatte vorne leicht anheben und aufrollen, sodass Quinoa und Füllung vom Algenblatt umhüllt werden. Das freie Ende des Noriblattes mit etwas Wasser befeuchten und fertig aufrollen.

5. Die fertigen Sushi-Rollen mit einem scharfen, leicht angefeuchteten Messer in mundgerechte Stücke teilen.

6. Die Sojasoße mit eingelegtem Ingwer und fein gehackten Frühlingszwiebeln mischen und dazu servieren.

TIPP

Die Erbsen-Frittata
schmeckt auch kalt
wunderbar – ein tolles
Upgrade für die Lunch-
box oder als Party-
häppchen.

ERBSEN-FRITTATA

Grün hinter den Ohren ist die kleine Frittata, aber kein bisschen leise. Frisches Gemüse trifft auf cremige Umhüllung.

ZUTATEN

Für 1 leckere Pfanne

100 g Babyspinat

1 kleine Karotte

1 kleine rote Zwiebel

1 Knoblauchzehe

5 Eier (Größe M)

4 EL Milch

Salz

Pfeffer

1 EL Sonnenblumenöl

150 g Erbsen

25 g geriebener Parmesan

½ rote Chilischote (für alle, die es scharf mögen)

SO GEHT'S

1. Den Backofen auf 200 °C Ober-/Unterhitze vorheizen. Den Babyspinat waschen, trocken schleudern und grob hacken. Die Karotte waschen, schälen und in dünne Scheiben schneiden oder hobeln. Zwiebel und Knoblauch schälen und fein hacken.

2. In einer kleinen Schüssel Eier, Parmesan und Milch verquirlen und mit Salz und Pfeffer abschmecken.

3. Das Sonnenblumenöl in einer ofenfesten Pfanne (etwa 20 cm Durchmesser) erhitzen und Zwiebel und Knoblauch glasig darin anbraten. (Wer möchte, fügt jetzt die Chilischote hinzu.) Spinat, Karotte und Erbsen dazugeben und mit der Eier-Milch aufgießen.

4. Im vorgeheizten Backofen 10–15 Minuten auf mittlerer Schiene backen. Nach dem Backen kurz auskühlen lassen und zum Servieren in kleine mundgerechte Stücke schneiden.

DIE AUTORIN

SABRINA SUE DANIELS

Foodie, Frühaufsteherin und Fotografin aus Leidenschaft– diese Begriffe beschreiben Sabrina Sue Daniels wohl am besten. Nach ihrem Archäologie-Studium fand sie über Umwege zur Fotografie, absolvierte erfolgreich eine Ausbildung und betreibt seit 2013 ihr eigenes Foodblog **www.sabrinasue.de**. Mit üppig inszenierten Fotos, leuchtenden Farben und kreativen Rezepten verführt sie ihre Leser regelmäßig zum gesunden Schlemmen.

DANKSAGUNG

Danke, Markus, du hast mir die ganze Zeit über den Rücken mit gefühlten tausend Spülmaschinen-Ladungen freigehalten und die größten Küchenkatastrophen beseitigt, während ich kopflos durch die Wohnung hüpfte. Danke, Mama, für die vielen lustigen Postkarten während der Buchproduktion.

NOCH MEHR BÜCHER

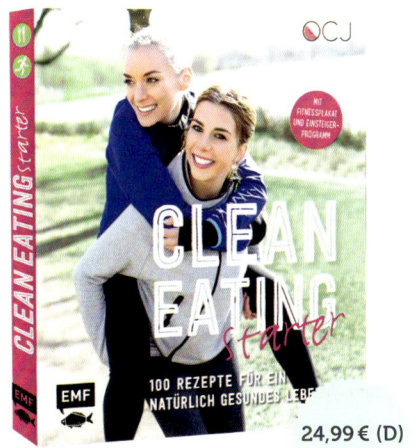

Clean Eating Starter

ISBN 978-3-86355-371-5

24,99 € (D)
25,70 € (A)

Smoothie Bowls

ISBN 978-3-86355-456-9

9,99 € (D)
10,30 € (A)

Green Smoothies

ISBN 978-3-86355-452-1

9,99 € (D)
10,30 € (A)

**Smoothies –
Power for you**

ISBN 978-3-86355-326-5

9,99 € (D)
10,30 € (A)

33 vegane Tapas

ISBN 978-3-86355-309-8

9,99 € (D)
10,30 € (A)

Lust auf Vegan

ISBN 978-3-86355-262-6

19,99 € (D)
20,60 € (A)

IMPRESSUM

Bibliografische Information der Deutschen Bibliothek.

Die Deutsche Bibliothek verzeichnet diese Publikation in der deutschen Nationalbibliografie. Detaillierte bibliografische Daten sind im Internet über http://www.d-nb.de/ abrufbar.

Die im Buch veröffentlichten Aussagen und Ratschläge wurden von Verfasserin und Verlag sorgfältig erarbeitet und geprüft. Eine Garantie für das Gelingen kann jedoch nicht übernommen werden, ebenso ist die Haftung der Verfasserin bzw. des Verlags und seiner Beauftragten für Personen-, Sach- und Vermögensschäden ausgeschlossen.

Die in diesem Buch enthaltenen Informationen, Anregungen und Ratschläge stellen die Meinung und Erfahrung der Autorin dar, basierend auf dem aktuellen Stand wissenschaftlicher Erkenntnisse. Sie wurden von der Verfasserin nach bestem Wissen und mit größter Sorgfalt recherchiert. Dennoch erfolgen alle Angaben ohne Gewähr und es kann keine Garantie übernommen werden. Das Buch kann eine persönliche Beratung oder kompetenten medizinischen Rat nicht ersetzen. Weder Autorin noch Verlag können für eventuelle Schäden oder Nachteile, die sich aus den im Buch enthaltenen Hinweisen ergeben, eine Haftung übernehmen. Jeder Leser und jede Leserin ist nach wie vor für das eigene Tun selbst verantwortlich.

EIN BUCH DER EDITION MICHAEL FISCHER
1. Auflage 2016
© 2016 Edition Michael Fischer GmbH, Igling

Layout, Cover & Satz: Silvia Keller
Fotos: Sabrina Sue Daniels
Produktmanagement und Redaktion: Annika Christof
Lektorat: Julia Bauer, Berlin

ISBN 978-3-86355-476-7

Printed in Slovakia

www.emf-verlag.de